职业教育活页式教材开发指导手册

蔡 跃◎著

华东师范大学出版社
·上海·

图书在版编目（CIP）数据

职业教育活页式教材开发指导手册／蔡跃著．—上海：华东师范大学出版社，2020
ISBN 978-7-5760-0415-1

Ⅰ．①职… Ⅱ．①蔡… Ⅲ．①职业教育—教材—研究 Ⅳ．①G712.33

中国版本图书馆 CIP 数据核字（2020）第 079965 号

职业教育活页式教材开发指导手册

著　　者　蔡　跃
责任编辑　李　琴
责任校对　张　沥　时东明
装帧设计　庄玉侠

出版发行　华东师范大学出版社
社　　址　上海市中山北路 3663 号　邮编 200062
网　　址　www.ecnupress.com.cn
电　　话　021-60821666　行政传真 021-62572105
客服电话　021-62865537　门市（邮购）电话 021-62869887
地　　址　上海市中山北路 3663 号华东师范大学校内先锋路口
网　　店　http://hdsdcbs.tmall.com/

印 刷 者　上海景条印刷有限公司
开　　本　787×1092　16 开
印　　张　11.75
字　　数　253 千字
版　　次　2020 年 6 月第 1 版
印　　次　2022 年 6 月第 6 次
书　　号　ISBN 978-7-5760-0415-1
定　　价　68.00 元

出 版 人　王　焰

（如发现本版图书有印订质量问题，请寄回本社客服中心调换或电话 021-62865537 联系）

NEI RONG JIAN JIE 内容简介

职业教育活页式教材开发是一项开拓性、改革性的工作，是中国特色现代职业教育体系建设的重要成果，是体现先进职业教育课程开发理念的重要载体，是职业教育教学材料的重要变革。对活页式教材开展系统研究具有十分重要的理论意义和实践价值。

本书为一本职业教育活页式教材开发指导手册，编写目的是为提高我国职业院校教师开发编写活页式教材的能力。本书主要介绍活页式教材开发流程与详细步骤，尝试解决如何开发活页式教材的内容、如何进行活页式教材样例设计、如何选取与活页式教材相对应的教学方法等问题。

本书材料详实、操作性强，并附有大量案例，适合各级各类职业院校教师和学生阅读。

QIAN YAN 前言

2011 年我在德国柏林期间，偶然一次机会参加了德国联邦职业教育研究所(BIBB)的学术年会，并参观了同时举办的德国职业教育装备展，当时德国一家出版社给我展示了一套最新出版的职业教育的活页式教材，从此我就与活页式教材开发结下了不解之缘，开始了对职业教育活页式教材开发的研究与实践工作。2019 年国务院发布《国家职业教育改革实施方案》(以下简称《方案》)，提出建设一大批校企“双元”合作开发的国家规划教材，倡导使用新型活页式、工作手册式教材并配套开发信息化资源。《方案》倡导“新型活页式”教材，对职业教育教材的呈现形式给出了详细且清晰的指示。但是，全国范围内对活页式教材的研究还处于探索阶段，根本原因是涉及这类教材的一些基本问题还没有得到较好的解决，特别是关于活页式教材开发的理论探索基本处于空白。如何确定活页式教材的开发流程、如何遴选活页式教材的内容、如何进行活页式教材结构的设计、如何选取与活页式教材相对应的教学方法都还非常模糊，理论界还没有成熟的研究成果对此加以指导。

活页式教材开发是一项开拓性、改革性的工作，是中国特色现代职业教育体系建设的重要成果，是体现先进职业教育课程开发理念的重要载体，是职业教育教学材料的重要变革。对活页式教材开展系统研究具有十分重要的理论意义和实践价值。

本书的编写目的是为提高我国职业院校教师开发编写活页式教材的能力提供绵薄之力。本书共分六章，第一章主要阐述活页式教材开发的背景、定义、特性、开发原则及开发流程；第二章主要阐述活页式教材开发的理论基础；第三章系统介绍了活页式教材开发的步骤；第四章对活页式教材开发的体例进行阐述，并给出了活页式教材各组成部分的体例建议;第五章对活页式教材的教学应用及教学实施进行介绍;第六章给出了六个详细的活页式教材的开发样例。

本书是一本系统介绍活页式教材开发的指导手册,写作过程中参考了众多相关的研究论文与著作,引用了大量的文献资料,吸收了多方面的研究成果,绝大部分资料来源已列出,如有遗漏,恳请原谅并与我联系,同时向这些文献资料的作者表示诚挚的谢意!

由于作者学识和经验有限,对活页式教材的研究难免有疏漏与不足,书中不当之处在所难免,恳请读者批评指正,并不吝赐教。

2020 年 3 月于同济

MU LU **目录**

第一章 活页式教材开发概述

1.1 活页式教材开发的背景

改革开放以来的 40 多年中,我国职业教育的发展得到很大的提升,职业教育教材也在不断地升级改进。但是,目前依旧存在教材内容过于陈旧、且与企业生产相脱节,教材不能体现先进职业教育课程开发理念,教材更新速度过于缓慢,教材的选用环节不够严格等问题。2019 年 1 月,国务院发布《国家职业教育改革实施方案》(以下简称《方案》),提出建设一大批校企"双元"合作开发的国家规划教材,倡导使用新型活页式、工作手册式教材并配套开发信息化资源。《方案》作为我国职业教育改革的最高纲领,倡导开发并使用"新型活页式"教材,对我国职业教育教材的呈现形式给出了详细且清晰的指示。

2019 年 4 月,教育部职业教育与成人教育司发布的《职业教育与继续教育 2019 年工作要点》,其中的第二条第 6 点"推进'三教'改革提高育人质量"里提到了"启动建设'十三五'职业教育国家规划教材,倡导使用新型活页式、工作手册式教材并配套信息化资源"。

2019 年 5 月,教育部、国家发展改革委、财政部、人力资源社会保障部、农业农村部和退役军人部联合印发了《高职扩招专项工作实施方案》。在实施方案中也提到了"落实立德树人根本任务,加强高职院校教师队伍建设,加快补充急需的专业教师,并开发适用于不同生源类型的新型活页式、工作手册式等教材,适应'互联网+职业教育'发展需求"。

《方案》指明了我国职业教育教材的发展方向,但我们也应清楚地意识到在教育理论中,有关教材理论的研究是十分薄弱的,而有关职业教育教材理论的研究则更为缺乏。目前,在职业教育教学实践中,广泛应用的教材可以分为三种基本类型[①]:一种是学科结构教材,这种教材主要用于学科教育,帮助学习者形成学科结构,因为在学科教育中,教学目标是掌握学科结构;第二种是技术体系教材,这种教材主要应用于技术教育或培训,主要帮助学习者形成某种技术体系,因为在技术教育或培训中,教学目标是掌握技术体系;第三种是职业活动教材,这种教材主要用于培养学习者的职业能力和职业特质,目前相对比较成熟的是项目式教材和工作页式教材。其中,学科结构教材和技术体系教材已经较为成熟,但活页式教材开发的相关研究基本处于空白,发表的文章和出版的教材少之又少。活页式教材综合项目式教材和工作页式

① 邓泽民,侯金柱.职业教育教材设计(第二版)[M].北京:中国铁道出版社,2012.

教材的特点，通过以教学应用为导向的改造，将成为职业教育理论知识和技术方法学习的最有效的教材。

目前，对活页式教材的研究还处于探索阶段，根本原因是涉及这类教材的一些基本问题还没有得到较好的解决，特别是关于活页式教材开发的理论探索基本处于空白。如何奠定活页式教材开发的理论基础、如何确定活页式教材开发流程和详细步骤、如何遴选活页式教材的内容、如何进行活页式教材结构的设计、如何选取与活页式教材相对应的教学方法都还非常模糊，理论界还没有成熟的研究成果对此加以指导。活页式教材的开发需要现代职业教育理论，特别是现代课程理论、学习理论、教学理论和传播理论的支撑。

同时，国外一些知名的职业教育出版机构专门针对职业教育出版了很多优秀的活页式教材，其灵活组合使用及按需改编衍生的特征为职业教育专业课程的教学和实训开展提供了很大的便利。图 1－1 是德国 Christiani 出版社出版的用于德国职业教育的活页式教材，这些教材在德国深受老师和学徒的喜爱，给我国职业教育活页式教材开发提供了宝贵的借鉴意义。

（a）《基于行动学习的建筑工程（项目任务）》

（b）《手工金属加工》

（c）《施工技术基础教育》

（d）《施工技术专业教育（建筑施工方向）》

图 1－1　德国 Christiani 出版社职业教育活页式教材举例

通过以上对活页式教材开发的背景剖析可以看出，职业教育教材的呈现形式从不被提及，到逐渐受到重视，再到现今《方案》给出开发“新型活页式”、“工作手册式”教材这一清晰的方向，再加上国外已有的成功经验，足以体现开发新型活页式教材的重要性。

1.2 活页式教材的定义

活页式教材兼具“工作活页”和“教材”的双重属性：其“工作活页”属性使活页式教材具备结构化、形式化、模块化、灵活性、重组性等诸多符合职业教育教学和自主学习的特征，是极其优秀的承载形式；其“教材”属性使活页式教材具备引导性、过程性、功能性、专业性、综合性等特质。活页式教材按照“以学生为中心、学习成果为导向、促进自主学习”的思路进行教材开发设计，将“教学材料”的特征和“学习资料”的功能完美结合，通过教材引领，构建深度学习管理体系。活页式教材把“企业岗位的典型工作任务及工作过程知识”作为教材主体内容，突出如何借助“学习任务”实施职业教育教学，提供丰富、适用和引领创新作用的多种类型立体化、信息化课程资源，实现教材多功能作用并构建深度学习的管理体系。

活页式教材从出版物构成上包括活页夹（容纳整本教材）、活页、便携式活页夹（可供夹一个学习任务使用）、活页书写板夹四部分。

（1）活页夹。如图 1－2 所示，活页夹用来容纳整本教材，封面与传统出版物相比一般较厚、尺寸一般比传统教材要大。活页夹的尺寸一般宽 285 mm，高 315 mm，厚度可以按照内容灵活设置，一般尺寸有 35 mm、55 mm、75 mm 几种。以 55 mm 的活页夹为例，其容纸厚度为 35 mm，可装约 350 页 70 克 A4 纸。

图 1－2 活页式教材示例

活页式教材的内部结构如图 1－3 所示。德国 Christiani 出版社出版的用于德国职业教育的活页式教材多为 2 孔设计，孔距为 80 mm，专为 A4 纸设计。

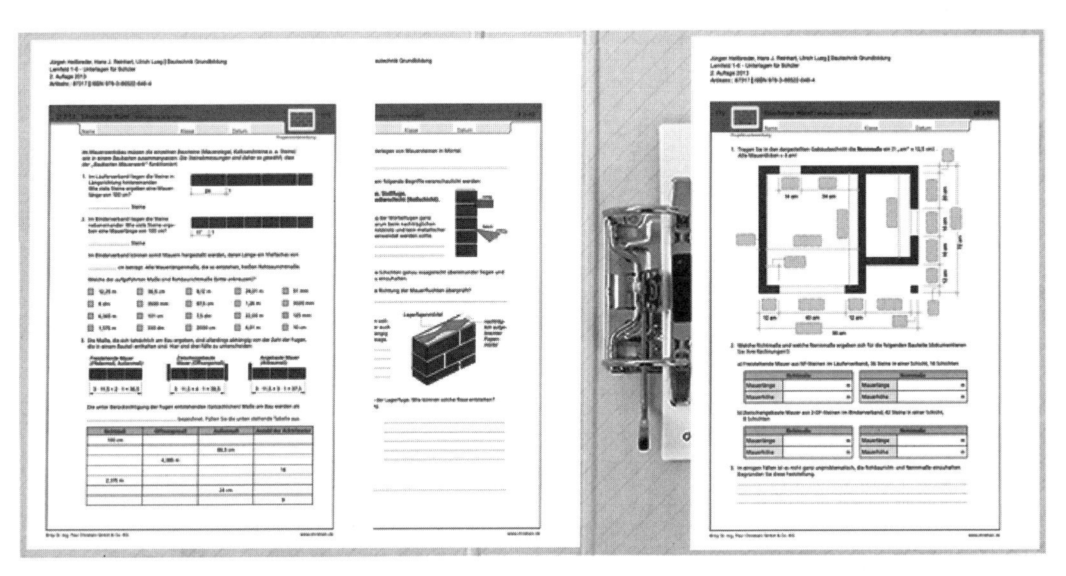

图 1－3 活页式教材内部结构示例

国内可见到的为数不多的几本活页式教材,多为 3 孔和 4 孔设计,孔距一般为 70 mm。使用中我们发现,3 孔或 4 孔设计的活页夹在取放活页时非常不方便,而且常见打孔器也多为 2 孔打孔器,所以在活页式教材开发时不推荐使用 3 孔或 4 孔活页夹设计。2 孔活页式教材在取放活页时如图 1-4 所示。

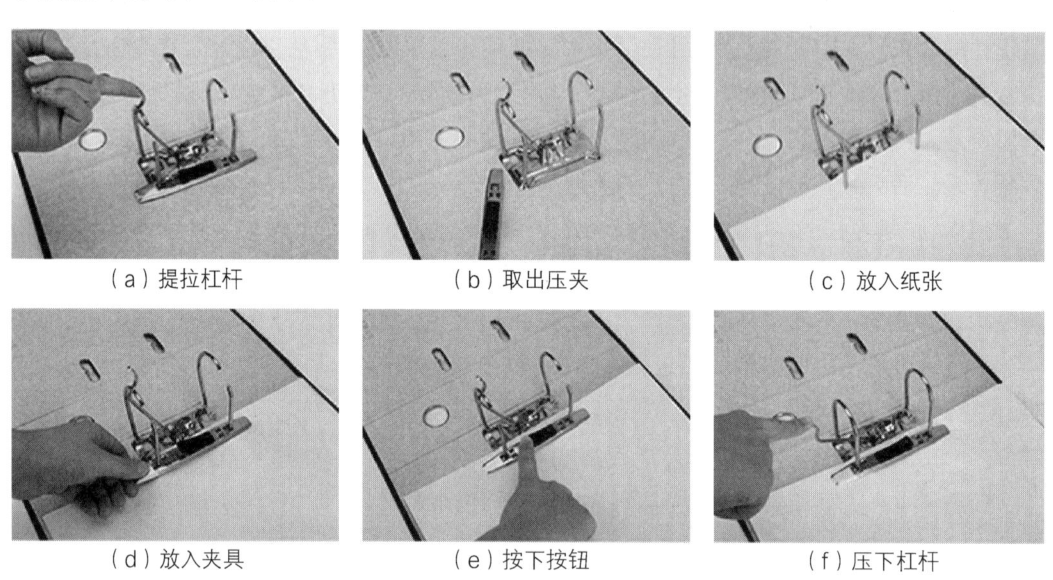

(a) 提拉杠杆　(b) 取出压夹　(c) 放入纸张

(d) 放入夹具　(e) 按下按钮　(f) 压下杠杆

图 1-4　2 孔活页式教材活页取放方法

(2) 活页。如图 1-5 所示,活页承载的是具体的学习任务。

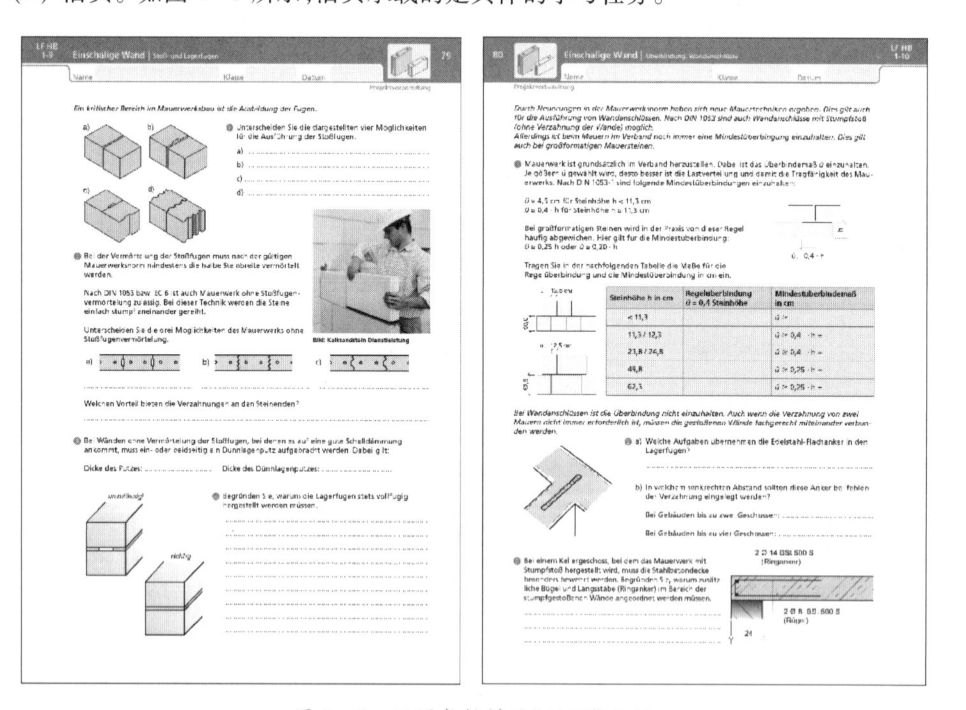

LF HB 1-9　Einschalige Wand | Stoß- und Lagerfugen　79

Name　Klasse　Datum

Ein kritischer Bereich im Mauerwerksbau ist die Ausbildung der Fugen.

Unterscheiden Sie die dargestellten vier Möglichkeiten für die Ausführung der Stoßfugen.

a) ……

b) ……

c) ……

d) ……

Bei der Vermörtelung der Stoßfugen muss nach der gültigen Mauerwerksnorm mindestens die halbe Steinbreite vermörtelt werden.

Nach DIN 1053 bzw. EC 6 ist auch Mauerwerk ohne Stoßfugenvermörtelung zulässig. Bei dieser Technik werden die Steine einfach stumpf aneinander gereiht.

Unterscheiden Sie die drei Möglichkeiten des Mauerwerks ohne Stoßfugenvermörtelung.

Bild: Kalksandstein Dienstleistung

a)　b)　c)

Welchen Vorteil bieten die Verzahnungen an den Steinenden?

Bei Wänden ohne Vermörtelung der Stoßfugen, bei denen es auf eine gute Schalldämmung ankommt, muss ein- oder beidseitig ein Dünnlagenputz aufgebracht werden. Dabei gilt:

Dicke des Putzes: ……　Dicke des Dünnlagenputzes: ……

unzulässig　richtig

Begründen Sie, warum die Lagerfugen stets vollfugig hergestellt werden müssen.

80　Einschalige Wand | Überbindung, Wandanschlüsse　LF HB 1-10

Name　Klasse　Datum

Durch Neuerungen in der Mauerwerksnorm haben sich neue Mauertechniken ergeben. Dies gilt auch für die Ausführung von Wandanschlüssen. Nach DIN 1053 sind auch Wandanschlüsse mit Stumpfstoß (ohne Verzahnung der Wände) möglich.
Allerdings ist beim Mauern im Verband noch immer eine Mindestüberbindung einzuhalten. Dies gilt auch bei großformatigen Mauersteinen.

Mauerwerk ist grundsätzlich im Verband herzustellen. Dabei ist das Überbindemaß ü einzuhalten. Je größer ü gewählt wird, desto besser ist die Lastverteilung und damit die Tragfähigkeit des Mauerwerks. Nach DIN 1053-1 sind folgende Mindestüberbindungen einzuhalten:

ü ≥ 4,5 cm für Steinhöhe h ≤ 11,3 cm
ü ≥ 0,4 · h für Steinhöhe h ≥ 11,3 cm

Bei großformatigen Steinen wird in der Praxis von dieser Regel häufig abgewichen. Hier gilt für die Mindestüberbindung:
ü ≥ 0,25 h oder ü ≥ 0,20 · h

Tragen Sie in der nachfolgenden Tabelle die Maße für die Regelüberbindung und die Mindestüberbindung in cm ein.

Steinhöhe h in cm	Regelüberbindung ü = 0,4 Steinhöhe	Mindestüberbindemaß in cm
≤ 11,3		ü ≥
11,3 / 12,3		ü ≥ 0,4 · h =
23,8 / 24,8		ü ≥ 0,4 · h =
49,8		ü ≥ 0,25 · h =
62,3		ü ≥ 0,25 · h =

Bei Wandanschlüssen ist die Überbindung nicht einzuhalten. Auch wenn die Verzahnung von zwei Mauern nicht immer erforderlich ist, müssen die gestoßenen Wände fachgerecht miteinander verbunden werden.

a) Welche Aufgaben übernehmen die Edelstahl-Flachanker in den Lagerfugen?

b) In welchem senkrechten Abstand sollten diese Anker bei fehlender Verzahnung eingelegt werden?

Bei Gebäuden bis zu zwei Geschossen: ……

Bei Gebäuden bis zu vier Geschossen: ……

Bei einem Kellergeschoss, bei dem das Mauerwerk mit Stumpfstoß hergestellt wird, muss die Stahlbetondecke besonders bewehrt werden. Begründen Sie, warum zusätzliche Bügel und Längsstäbe (Ringanker) im Bereich der stumpfgestoßenen Wände angeordnet werden müssen.

2 Ø 14 BSt 500 S (Ringanker)

2 Ø 8 BSt 500 S (Bügel)

24

图 1-5　活页式教材的“活页”示例

“活页”的页码采用两种编码体系，一种是传统的页码体系，另一种是采用“学习情境(任务)编号—页码号”编排形式，二者共存在每个“活页”页面上，方便索引。如图1－6上部所示，“LF HB1－9”表示“学习情境(任务)1”的第9页，“79”表示这张活页的整体页码序号。每页表头上有“姓名”、“班级”、“日期”等信息栏，可详见本书第六章样例。学生在使用某一学习任务时可以将其从活页夹中取出，放在便携式活页夹中，或者夹在活页夹板夹上书写，用完后再放回活页夹中保存。教材中设计了“学生自评表”、“学生互评表”、“教师总评表”、“综合评价表”等评价表格，这些评价表格在教材开发时一定要单独成页，这样保证在从活页教材中取出评价表填写后可以单独提交和留存。

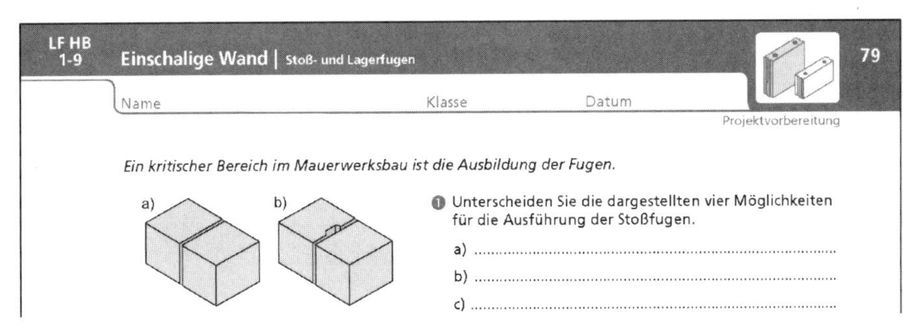
LF HB 1-9 Einschalige Wand | Stoß- und Lagerfugen 79

Name Klasse Datum

Projektvorbereitung

Ein kritischer Bereich im Mauerwerksbau ist die Ausbildung der Fugen.

a) b)

1 Unterscheiden Sie die dargestellten vier Möglichkeiten für die Ausführung der Stoßfugen.

a) ....

b) ....

c) ....

图1－6 活页式教材的页面编码示例

(3) 便携式活页夹。如图1－7所示，使用教材中附赠的便携式活页夹，可以方便灵活地将教材中一个完整的学习任务携带至学习和实训场地。

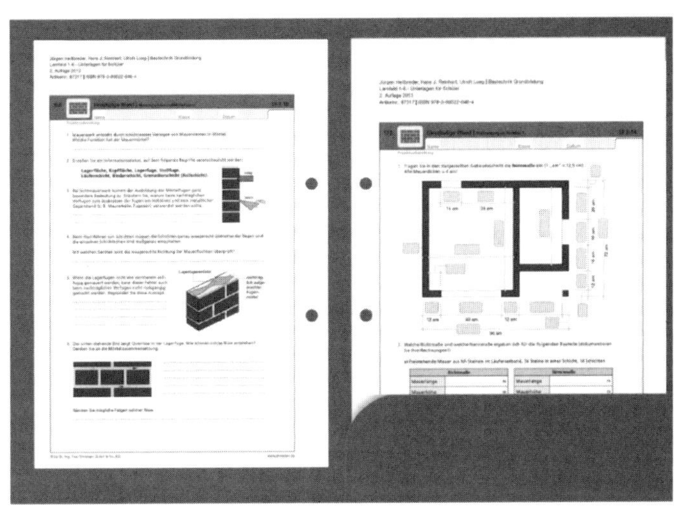

图1－7 便携式活页夹及内页示例

(4) 活页书写板夹。如图1－8所示，活页书写板夹可以作为学习记录垫板使用，特别是在将部分教材内容以便携式活页夹的形式带到实训设备旁边时，使用更方便。活页书写板夹按照夹子的位置可以分为上夹式和左夹式。

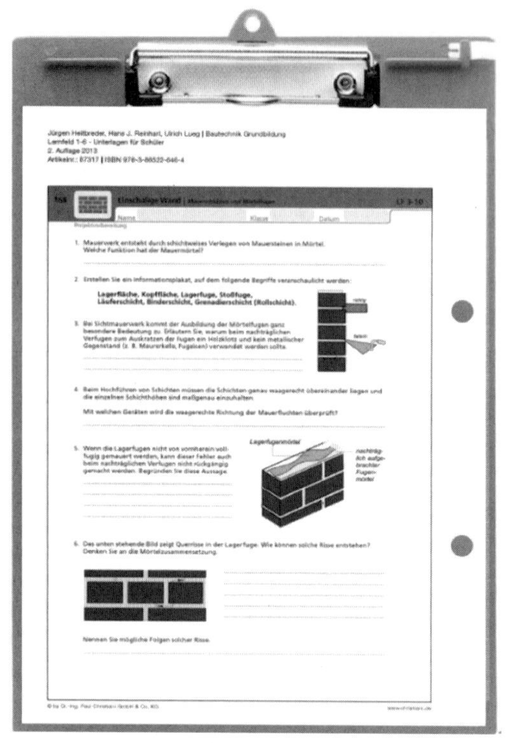

（a）上夹式

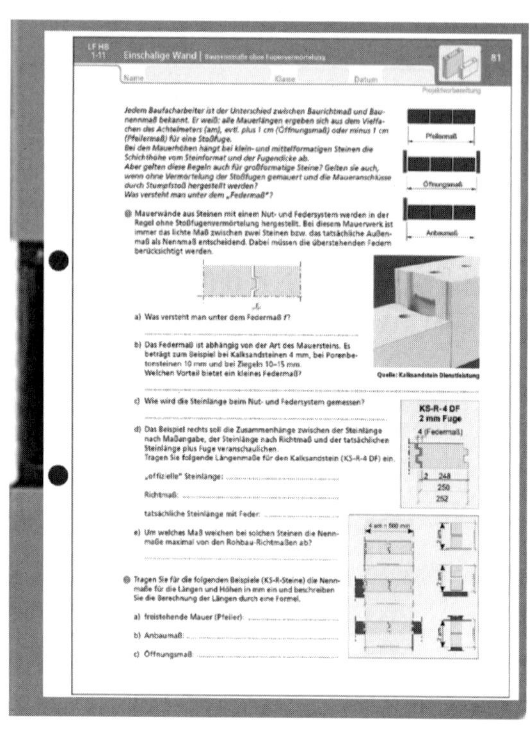

（b）左夹式

图 1－8　活页书写板夹示例

活页式教材是根据一定的教学任务而选择、组织的具有一定深度和广度的知识和技能体系载体，是职业教育教学的基本工具，是教育思想、教学内容和教学方法的集中体现，是知识与经验的载体，教学内容的物化形态。在职业教育教学过程中，活页式教材是教师教学的主要依据，是学生所学知识的主要来源和学习指导。

活页式教材是用于“直接帮助学生学习”的教与学二合一的材料。在活页式教材的引导下，学生可以设想出最终工作成果并进行自我控制的独立学习或小组学习。

活页式教材与传统教材相比具有无可替代的作用，体现在：

- 活页式教材的“工作活页”属性可以促进学生开展有目的的学习，调动学生学习的积极性；
- 活页式教材的“工作活页”属性指导学生从引导问题、小提示、相关知识点或教材中标识的技术资料中获取和分析专业信息，并寻找解决问题的途径，再经历完整的工作过程直到完成学习任务，从而获取方法、技能等关键能力；
- 帮助学生从实际经验和书本抽象的描述中构建自己的知识体系，实现理论学习与实践学习的统一。

活页式教材的内容来源于企业典型工作任务，强调了对学生综合职业能力的培养，做到了内容和形式上的创新，不仅在形式上打破了传统教材的编写模式，而且在内容上突破了传统教材的结构体例，在国内职业教育教材领域中均属开创性的尝试。

活页式教材开发是一项开拓性、改革性的工作，是中国特色现代职业教育体系的重要成果，是体现先进职业教育课程开发理念的重要载体，是职业教育教学材料的重要变革。针对活页式教材开展系统研究对保证我国职业教育教学的高质量具有十分重要的理论意义和实践价值。

1.3 活页式教材的特性分析

活页式教材源于职业典型工作任务，基于校企合作双元、工学结合一体人才培养模式，服务于企业用人需求，满足学习者职业生涯发展需求。活页式教材在内容选择方面，按照工作过程的顺序和学生自主学习的要求进行教学设计并安排教学活动，实现理论教学与实践教学融通合一、能力培养与工作岗位对接合一、实习实训与顶岗工作学做合一。活页式教材是帮助学生实现有效学习的重要工具，其核心任务是帮助学生学会如何工作。

活页式教材区别于其他教材的特性体现在以下几个方面：

（1）在教材功能上，活页式教材除了一般教材具有的思想品德教育功能外，还要突出其职业引导功能。通过教材使学生了解职业、热爱职业岗位，帮助学生树立正确的价值观、择业观，培养良好的职业道德和职业意识。不仅传授知识，而且要突出技能和能力的培养。

（2）在教材内容的遴选、取舍方面，活页式教材更突出教学内容的实用性和实践性，坚持以职业能力为本位，以应用为目的，以必需、够用为度，满足职业岗位的需要，与相应的职业资格标准或行业技术等级标准接轨①。教材告诉学生的是“是什么，做什么，怎么做”，而不是“是什么、为什么”，不强调“知其然，又知其所以然”。

（3）在教材内容的组织结构方面，与学科体系教材不同，活页式教材按照“以全面素质为基础”、“以职业能力为本位”的教学理念，符合学生的认知规律和技能养成规律；遵循劳动过程的系统化，符合工作过程逻辑；坚持以应用为主线，不强调理论知识的系统性、完整性，不追求教材的学科结构与严密的逻辑体系，以适应课程的综合化和模块化的需要。一定要区分活页式教材与高校教材和中小学教材的区别。传统的高校教材强调按学科的逻辑推理顺序构建教材的逻辑体系，如从一般到个别的演绎推理顺序构成的公理化教材体系，从个别到一般的归纳推理顺序构成的教材体系等；提倡布鲁姆的建构主义，强调以每个学科的基本概念、原理、定律和基本方法为纲构建教材的框架结构。传统的中小学教材按不同科目特点和不同年龄段学生的心理特征，分别采用直线型、螺旋形或两者的混合型的教材体系②。上述教材的体系结构反映了“以学科为中心”、“以知识为本位”的传统学科教育的教学理念，显然难以适应“以就业为导向”、“以能力为本位”的职业教育的需要，难以适应职业教育教学模

① 许远.职业教育专业建设与课程教材开发[M].北京：中国人民大学出版社，2019.

② 同上书.

式的需要。

(4) 在教材内容的表达、呈现方面,要适合学生的心理特点和认知习惯,语言要简明通顺、浅显易懂、生动有趣,要多采用与真实工作过程一致的图像,做到图文并茂、引人入胜。

1.4 活页式教材开发的原则

活页式教材以综合职业能力培养为目标、采用设计导向的职业教育思想,以典型工作任务为载体、采用学习领域课程开发模式,采用行动导向的教学组织,以学生为中心为开发原则,实现理论教学与实践教学融通合一、能力培养与工作岗位对接合一、实习实训与顶岗工作学做合一。活页式教材开发的原则如图 1-9 所示。

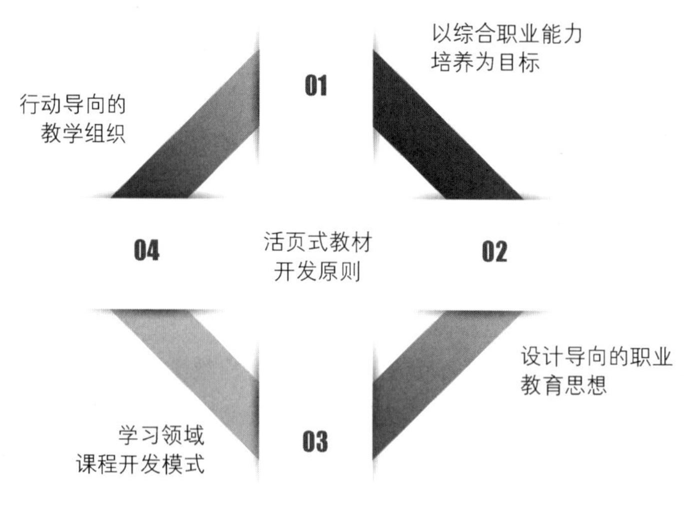

图 1-9 活页式教材的开发原则

1.4.1 以综合职业能力培养为目标

综合职业能力导向策略是活页式教材开发的一条重要原则。它是指在活页式教材的内容选择和内容组织上要以职业能力为本位,科学地选择、安排与职业能力中各项要求(如知识、技能、态度)有关的内容,摒弃与职业能力建构无关的内容,使活页式教材符合学生职业能力形成的心理顺序,符合职业资格的发展顺序,避免在活页式教材设计中出现能力形成条件缺失的现象。

与其他类型职业教育教材相比,活页式教材可以最大限度地帮助学生建构职业能力,因此必须认识到职业学校学生能力的形成是有条件的。职业能力是指人们运用知识与经验、技能与技巧,按照特定职业所规定的职责、任务和活动方式,完成职业活动的综合能力。职业能力可分为职业特定技能、行业通用技能、核心能力三个层次。其中职业特定技能反映职业能力的特性,是针对某一个特定的具体职业的,在国家职业大典中对应于一个“细类”。行业通用技能反映行业的个性和共性,是针对某个行业中的若干职业的,在国家职业大典中对应于“中类”和“小类”。核心能力又称关键能力,是人们职业生涯中除岗位专业能力外的基本能力,适用于各种职业,能适应岗位不断变换,是伴随人终身的可持续发展能力。20 世纪 80 年代初的德国企业界就非常看重劳动者的这一能力,并在西门子公司进行了试点培养,取得了良好的效果,得到职业教育培训界的普遍关注。关键能力反映劳动能力共性,具有广泛的、跨职业的普遍运用性和迁移性。

职业能力的层次结构只是为了问题的方便而划分的,它不是职业能力的本质体现,在活页式教材开发中不能将核心能力、行业通用技能与职业特定技能完全分开。在职业教育教学中也绝不是先培养核心能力,再培养通用技能,最后培养特定的职业技能。职业能力的培养是在职业活动中对各种技能不断加以内化、整合,从而形成稳定的综合职业能力的过程,其外在表现是劳动者执行规范、解决问题、完成任务的能力。在活页式教材开发中,离不开具体的学习任务,不能脱离任务讲能力。

单项职业能力的形成条件主要根据职业能力的条件定义(包括:知识、技能和态度),而综合职业能力的形成是以具备相关单项能力为前提的。在活页式教材编写过程中应注意不要出现能力形成条件缺失的现象,活页式教材中的每一个学习任务应该体现“完整行动任务”,以避免因为能力形成条件的缺失而影响教材的教学效能[①]。职业能力形成条件如图1-10所示。

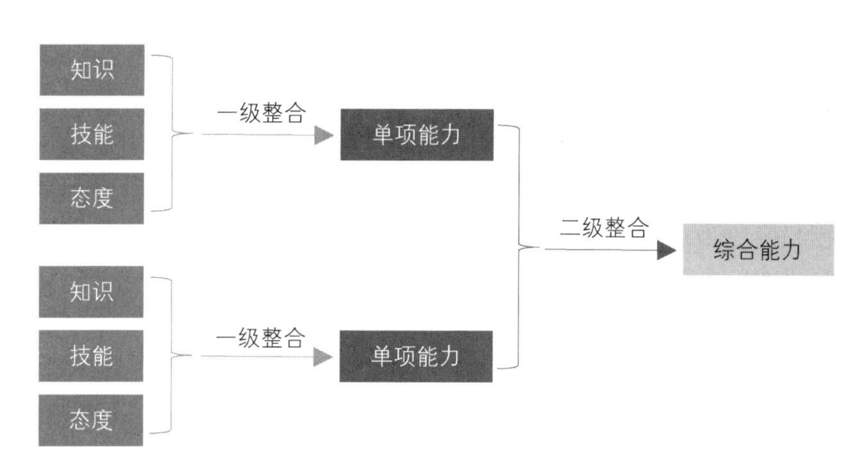

图 1-10　职业能力形成条件示意图

根据职业教育学习理论对能力的过程定义,能力通过学习形成,职业能力的形成是一个由多个环节共同作用、而每个环节又具有不同特点的较为复杂的过程。根据能力要素的知识、技能(可分为心智技能和操作技能)、态度(含核心能力、工作价值等)分析[②],具体的学习过程如图 1-11 所示。

---

① 邓泽民,侯金柱.职业教育教材设计(第二版)[M].北京:中国铁道出版社,2012.
② 同上书.

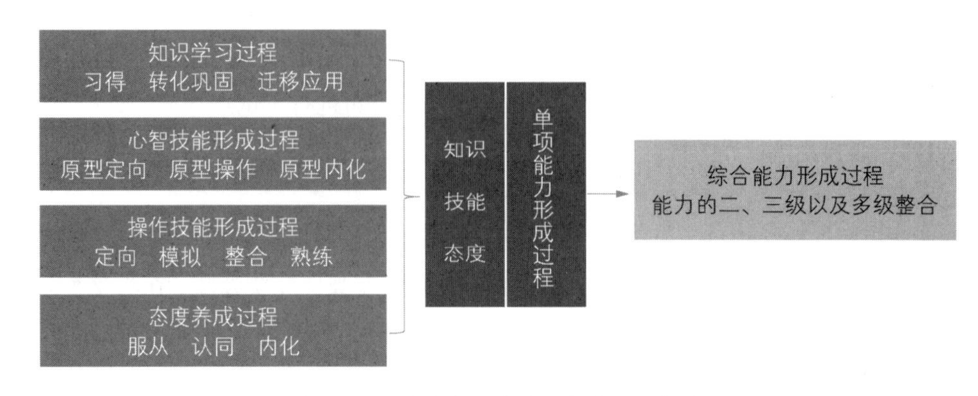

图 1-11 能力各要素的形成过程示意图

因此，在活页式教材设计编写中，应注意遵循能力形成的一般过程及其特点，保证其逻辑顺序得到贯彻，避免因能力形成过程环节的缺失影响学生能力的形成，从而最终影响教材的教学效能。

1.4.2 设计导向的职业教育思想

20 世纪 80 年代末，德国不来梅大学牵头的国际科研项目“对技术和工作的社会设计”提出“职业教育的目标是培养人的工作和技术的设计能力”，即设计导向职业教育思想。设计导向思想强调职业教育培养的不仅是技术适应能力，更重要的是“本着对社会、经济和环境负责的态度，参与设计未来的技术和工作世界的能力”。在设计导向职业教育思想中，工作过程是获得职业能力的关键途径。无论是对于技术的设计，还是对于工作组织形式的设计，均离不开工作过程这一媒介。换言之，职业能力的获得与工作过程紧密相关。

设计导向职业教育思想体系中，工作过程是职业教育的关键所在（而不再是工作岗位），是把工作过程作为工作和学习的导向性原则。工作过程是职业教育的出发点。德国劳耐尔教授指出，工作过程知识是理论与实践知识的综合，它是客观知识和主观知识的综合。在工作岗位上遇到问题时解决书本知识与实际经验之间的矛盾是形成工作过程知识的典型过程。工作过程知识是活页式教材开发不可或缺的内容。

活页式教材强调把人视为价值的根源，本着对社会、经济和环境负责的态度，培养的不仅仅是作为“工具”的技术工人，更是社会各个领域参与技术和工作设计的潜在能力者，不但要具有技术适应能力，而且还要具备促进社会发展和变革进程的能力，因此活页式教材的开发应遵循设计导向的职业教育思想。

1.4.3 学习领域课程开发模式

活页式教材的基本特征是根据具有完整职业功能的典型工作任务，确定理论实践一体化的学习任务，再按照工作过程组织学习过程，依据职业成长规律进行课程顺序排列，强调“学习的任务是工作，通过工作实现学习”，最后达到“学会工作”的目的。

活页式教材内容要回归职业（岗位），必须打破长期以来壁垒森严的学科界限，以全面素质为基础，以能力为主线，在课程内容的删选和机构性重组基础上逐步加以实现。在知识本质观下，教材内容的遴选较为简单，一般按照其学科的科学理论固有的知识逻辑进行遴选。这种教材内容是按照学科知识组织起来的，它有助于学生系统完整地接受学科知识，注重教材内容间的逻辑关系，便于学习者对知识的掌握。不足之处主要表现在这样遴选的教材内容偏重于学科逻辑系统，在教学时容易出现重记忆、轻理解的倾向，在教学中容易偏重知识的传授，忽视能力的培养。

活页式教材应采用以工作过程为导向的教材内容删选方法。一个职业之所以能够成为一个职业，是因为它具有特殊的工作过程，即在工作的对象、方式、内容、方法、组织以及工具的历史发展方面有它自身的独到之处。工作过程是在企业里完成一件工作并获得工作成果而进行的一个完整的工作程序。这个工作程序是一个综合的、时刻处于运动状态之中但结构相对固定的系统，并且具有对象、工具、工作方法、劳动组织以及要求等诸多要素。这些要素在不同的工作过程中是不同的，或者说是变动的。但实现工作过程的步骤——明确任务、制定计划、做出决策、实施计划、检查控制到评价反馈是不变的。在此基础上形成了工作过程导向的课程，其特点是课程的名称和内容不是指向学科的子区域，而是来自职业活动领域里的工作过程。

基于以上分析，活页式教材开发应选用学习领域的课程模式。学习领域是以一个职业的典型工作任务为基础的专业教学单元，它是从具体的“工作领域”转化而来的，常表现为理论与实践一体化的综合性学习任务。通过一个学习领域的学习，学生可完成某个职业的一个典型工作任务，处理一种典型的工作情境；通过若干学习领域的学习，学生可以获得某一职业的职业能力。学习领域是现代职业教育的一种先进的课程模式，是培养综合职业能力的“内容载体”。学习领域课程含有学科知识内容，与传统的学科没有一一对应关系。学习领域课程有如下特点：

（1）课程目标是培养综合职业能力和素质，在发展专业能力的同时，促进关键能力的发展；

（2）学习的主体是学生，在满足企业岗位要求的同时，获得职业生涯发展潜力；

（3）学习内容的基础是来源于工作实践的某一职业的典型工作任务；

（4）学习过程具有工作过程的整体性，学生在综合的行动中思考和学习，完成从明确任务、制定计划、实施检查到评价反馈的完整过程。

每一个学习领域由若干“学习情境”组成，学习情境是用于学习的“情形”和“环境”，是学习领域课程中的一个教学单元，它常常是通过一个学习任务来表示的。活页式教材在结构上由若干学习任务（情境）构成。

基于学习领域课程模式进行活页式教材开发的基础是明确工作过程知识，工作过程导向的活页式教材内容应强调工作过程的完整性，强调学习者通过完成一项有意义的任务开展学习，关注学习者完成任务的工作过程。

1.4.4 行动导向的教学组织

活页式教材中，学生的学习要遵循工作过程系统化的教学原则，采用行动导向的教学，即在完整的工作过程中，学习经历明确任务、获取信息、制定计划、实施计划、检查控制、评价反馈的整个过程，获得工作过程知识并掌握操作技能。活页式教材中，教师是学生学习过程的组织者和专业对话伙伴，应采用行动导向的教学方法并通过具有一定实践价值的行动产品来引导教学组织过程。学生学习以强调合作与交流的小组形式进行，尝试拓展活动的实践空间，在主动和全面的学习之下达到脑力和体力统一的效果。

“行动导向”教学并不是一种具体的教学方法，而是以行动或工作任务为导向的一种职业教育教学指导思想与策略，是由一系列的以学生为主体的教学方式和方法所构成。行动导向的教学不仅重视教学的目的，而且更加重视教学的过程，它所要达到的教学目标是培养学生的职业行动能力。行动导向的教学具有三个基本特征：

(1) 强调行动的完整性。“行动导向”教学不仅仅指在行动中进行教学，更重要的是在一种完整的、综合的行动中进行思考与学习，也就是说要按照“明确任务、制定计划、做出决策、实施计划、检查控制到评价反馈”这一完整的行动方式来进行教学。

(2) 体现学生的主体性。在“行动导向”教学中，从信息的收集、计划的制定、方案的选择、目标的实施、产品的检查到成果的评估，学生参与整个过程的每个环节，成为学习活动中的主人。

(3) 追求学习成果的多样性。“行动导向”教学追求的不只是知识的积累，更重要的是职业能力的提高。职业能力是一种综合能力，它的形成不仅靠教师的教，更需要职业实践，这就需要为学生创设真实的职业情景，通过以工作任务为依托的教学方式使学生置身于真实的或模拟的工作世界中。在完成工作任务的过程中，解决问题的方案不是唯一的，而是多样化的，因此“行动导向”教学的评价标准不是“对”与“错”，而是“好”与“更好”；在“行动导向”教学中，学习的成果也不是唯一的，而是多样化的。

同时活页式教材的教学实施对教师的教学组织提出了更高的要求，增加了教师的教学难度，教师在使用活页式教材进行教学时，必须转变教学理念，在教学组织实施过程中需要进行创造性的工作，从而提升教学效果。

1.5 活页式教材开发流程

活页式教材以职业能力为培养目标，通过典型工作任务分析，确定学习领域，构建课程体系，并以具体工作任务为学习载体，按照工作过程和学习者自主学习要求开发学习任务工作活页。活页式教材开发流程如图 1-12 所示。

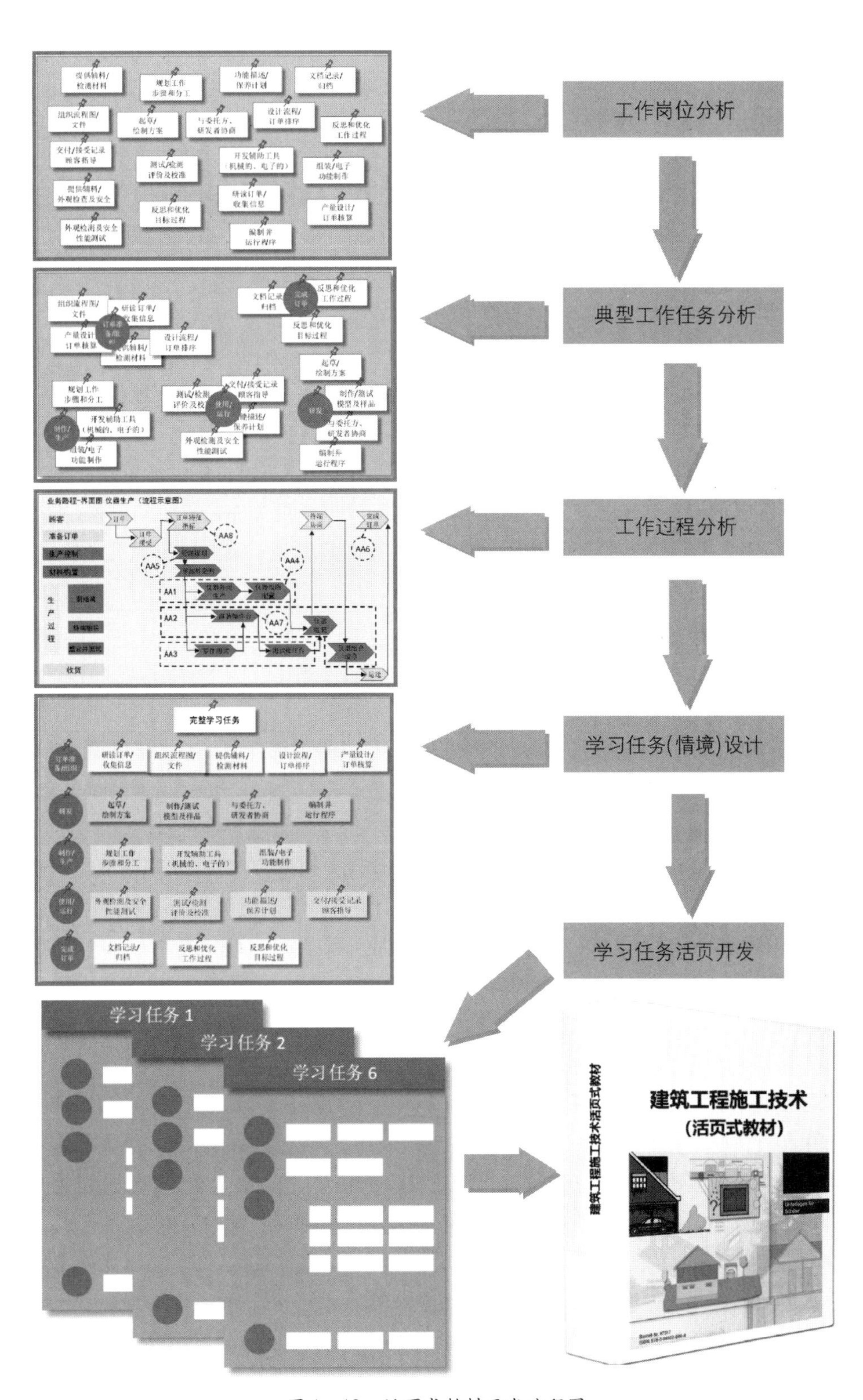

图 1－12　活页式教材开发流程图

第二章 活页式教材开发的理论基础

2.1 学习领域课程方案

课程开发和教材建设总是联系在一起的,没有课程,就没有教材,所以活页式教材的开发一定要基于先进的课程开发的理论。学习领域课程开发模式更关注完整行动过程,从完整工作任务出发,注重"学习任务"设计,能更好地建构工作过程知识。因此针对活页式教材开发,本书选择基于工作过程系统化的学习领域课程方案。学习领域课程模式对活页式教材的开发具有重要的指导意义。

2.1.1 学习领域课程简介

"学习领域"一词,是两个德文词 lern(学习)与 feld(领域)的组合词 lernfeld 的意译。"学习领域"课程方案的实施最早开始于 1993 年,德国各州文教部长联席会议(kultusministerkonferenz)所属的专门委员会提出对职业教育课程方案进行修订。在此之后经过 3 年时间的教育政策讨论,各州文教部长联席会议于 1996 年 5 月 9 日颁布新的课程"编制指南",即《职业学校职业专业教育框架教学计划编制指南》(以下简称《框架教学计划》),于是德国实施了针对学习领域课程的 21 个不同项目的典型实验,时间从 1998 年 10 月 1 日开始至 2003 年 9 月 30 日结束。实验项目覆盖了 14 个州,100 所职业学校,共有 13 000 名学生参与。在这些项目的成功经验的基础上,德国随后在全国职业学校进一步推广和实施"学习领域"课程方案。至此,德国正式以"学习领域"课程取代了沿用多年的以分科课程为基础的课程方案。①

学习领域基于行动领域。行动领域指的是一个综合性的任务,是在职业、生活和社会的行动情境中相互关联的任务集合,一般以问题的形式表述,体现了职业、社会和个人的需要。职业教育的学习过程应该有利于完成这些行动情境中的任务。对指向当今和未来职业实践的行动领域进行教学论反思与处理,就产生了《框架教学计划》中的"学习领域"。

在职业教育中,学习领域是一个跨学科的课程计划,是案例性的、经过系统化教学处理的行动领域。德国各州文教部长联席会议对学习领域的定义为:是一个由学习目标表述的主题学习单元。一个学习领域课程由能力描述的学习目标、任务陈述的学习内容和总量给定的学

① 姜大源.当代德国职业教育主流教学思想研究:理论、实践与创新[M].北京:清华大学出版社,2007.

习时间三部分构成。由于学习领域不是按照学科体系,而是按照实际工作行动的工作过程编排的,学习目标描述以及内容选择与职业行动本身有着密切的关系。

学习情境是一个案例化的学习单元,是组成学习领域课程方案的结构要素,它把理论知识、实践技能与实际应用环境结合在一起,是课程方案在职业学校学习过程中的具体化。作为具体化了的学习领域,学习情境因学校与教师而异,具有范例性。实际上,学习领域是课程标准,而学习情境则是实现学习领域能力目标的具体课程方案,活页式教材就是基于创设的学习情境而设计的具体的学习任务的物化成果。

行动领域、学习领域、学习情境、活页式教材的关系如图 2-1 所示。

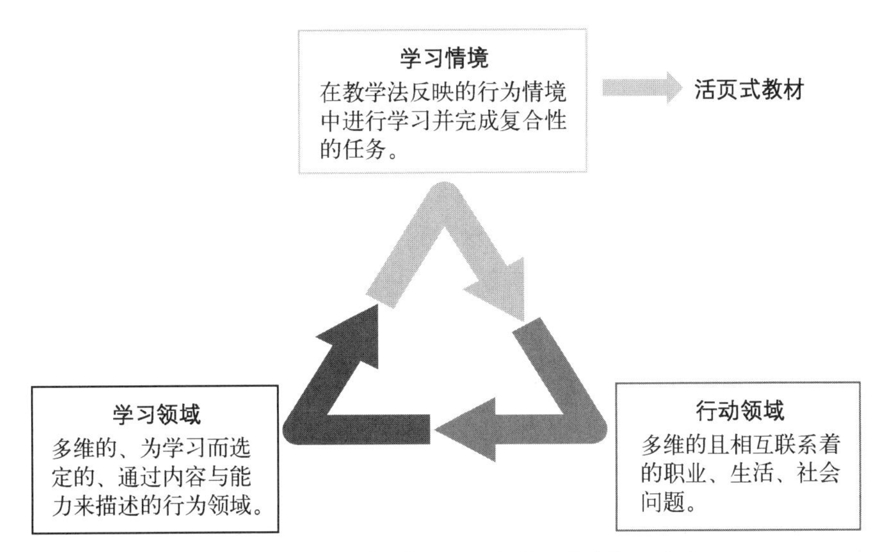

图 2-1 行动领域、学习领域和学习情境相互关系

2.1.2 学习领域课程方案的结构与内容选择

1. 学习领域课程方案的结构

基于学习领域方案的框架教学计划,是适用于德国"双元制"职业学校的国家课程标准,包括五个部分(如图 2-2 所示)。

第一部分为绪论,主要阐述这一课程标准的意义。

第二部分为职业学校的教育任务,主要阐述职业学校的教育目标、教学文件、教育原则和能力目标。

第三部分为教学论原则,主要阐述基于学习理论及教学论的教学重点。

第四部分为与教育职业有关的说明,主要阐述该职业教育的培养目标、课程形式、教学原则和学习内容。而所有"跨职业教育"的学习目标与"本教育职业"的学习目标,均采用学习领域的形式加以规范。

第五部分为学习领域,列举本教育职业所有学习领域(即课程)的数量、名称、学时并对其中每个学习领域的目标、内容和学时分别加以描述。①

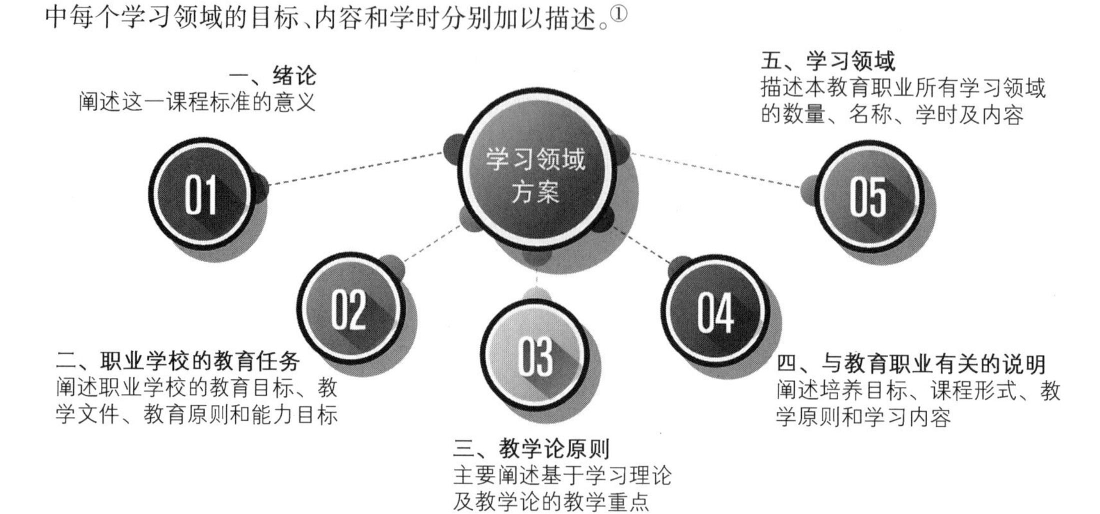

图 2-2　学习领域课程方案(框架教学计划)

学习领域课程方案的结构如表 2-1 所示。

表 2-1　学习领域课程方案的基本结构

学习领域(名称)	基准学时(小时)		
	第一学年	第二学年	第三学年
学习领域 1			
学习领域 2			
……			
学习领域 n			
总计(小时)			

从学习领域课程方案的总体结构来看,每一教育职业的课程一般由 10—20 个学习领域(等于我国约 10—20 门课程)组成。具体数量根据各教育职业的需要决定。从学科结构考虑,组成课程的各学习领域之间在内容和形式上并无明显的直接联系,但在课程实施时却要采取跨学习领域的组合学习方式,即根据职业定向的案例性工作任务,采取如项目教学等行动导向的教学组织来进行,实质上是将学科结构的内容有机地融入工作过程的结构之中,这无形中增加了教材编写人员的难度,同时也给活页式教材的编写带来了巨大的挑战。从学习领域课程方案的具体结构来看,每一学习领域一般都以该教育职业相对应的职业行动领域为依据。一个学习领域就是一个学习单元,其主体内容是职业任务设置与职业行动过程取向的,也就是说是工作过程导向的,即以职业行动体系为其主参照系。尽管如此,由于每一学习领域所涉及的内容既包括基础知识又包括系统知识,因此并不完全拒绝传统的学科体系的内容和

① 姜大源.当代德国职业教育主流教学思想研究:理论、实践与创新[M].北京:清华大学出版社,2007.

结构,允许学科体系形式的学习领域存在。①

每一“学习领域”的基本结构如表 2 - 2 所示。

表 2 - 2　一个学习领域的基本结构

<table>
<tr><td rowspan="2">学习领域(序号)</td><td rowspan="2"></td><td>第　学年</td><td></td></tr>
<tr><td>基准学时(小时)</td><td></td></tr>
<tr><td>目标描述</td><td colspan="3"></td></tr>
<tr><td>内　　容</td><td colspan="3"></td></tr>
</table>

2. **学习领域课程方案内容的选择**

实践性知识也可称主观知识,是指个体在实践基础上通过自己的经验积累总结和概括所获得的知识,包括人们由经验产生的直觉、技能等,它具有与情境相关但不明确的特点。理论知识也可称客观知识,是指外在信息的表述,如定理、公式等,它具有与情境无关、学科系统化以及为实践解释等特点。工作过程知识是在工作过程中直接需要的、常常是在工作过程中直接获得的知识(包括理论知识),具有与情境相关、以实践为导向等特点。

工作过程知识是学习领域课程方案开发的主要内容,通过工作过程知识的学习来提高职业行动能力。工作过程知识是基于主观知识和客观知识的整合。工作过程知识与实践知识以及理论知识三者间的关系如图 2 - 3 所示。②

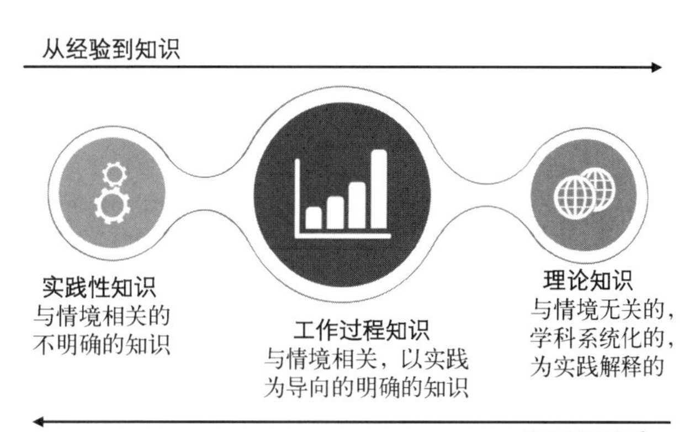

图 2 - 3　工作过程知识、实践知识及理论知识三者间的关系

学习领域课程方案是以培养学生具有建构工作世界的能力为主要目标的,而这是以理解企业的整体工作过程和经营过程为前提的。因此,工作过程知识自然成为“学习领域”课程方案的主要内容。“学习领域”课程方案要求对学科领域课程进行整合,开发出跨学科的职业行动体系课程。新开发的学习领域课程方案是根据“教育职业”的典型工作任务开发出来的,每一个学习领域都针对一个典型的职业工作任务。通过对与具体工作任务相关的工作过程、内容、方法、要求、劳动组织、工具及与其他工作任务的相互关系等进行分析,从中找出符合“培训职业”的技术知识并分析出隐性的工作过程知识。

① 姜大源.当代德国职业教育主流教学思想研究:理论、实践与创新[M].北京:清华大学出版社,2007.
② 赵志群.职业教育工学结合一体化课程开发指南[M].北京:清华大学出版社,2009.

2.1.3 学习领域课程开发方法

学习领域课程开发的基础是职业工作过程。基本思路是：由该教育职业的职业行动体系中的全部职业行动领域导出相关的学习领域,再通过适合教学的“学习情境”使之具体化。开发的基本路径可简述为“行动领域—学习领域—学习情境”,如下图 2-4 所示。

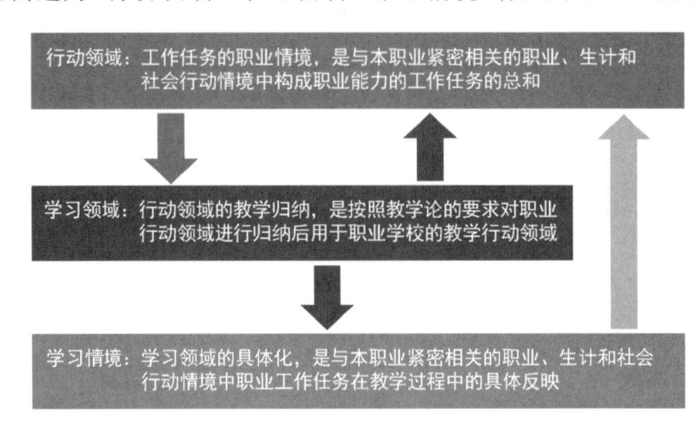

图 2-4 学习领域课程方案的基本思路

学习领域课程方案开发的基本方法如图 2-5 所示。

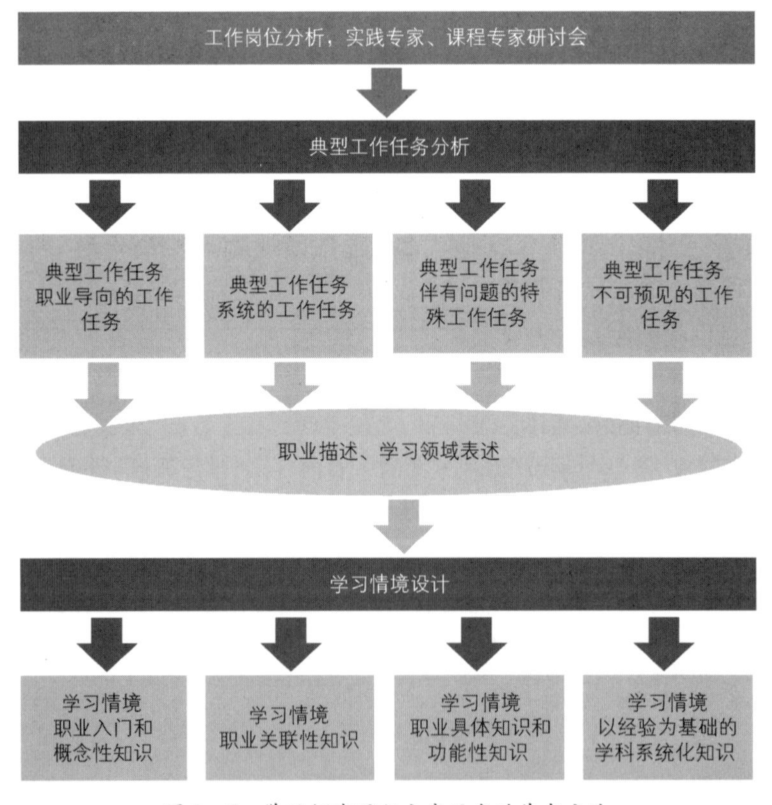

图 2-5 学习领域课程方案开发的基本方法

2.1.4 学习领域课程开发步骤

马格德堡大学巴德教授与北威州学校和继续教育研究所合作，制定了学习领域课程开发的八个基本步骤，[①]如图2-6所示。

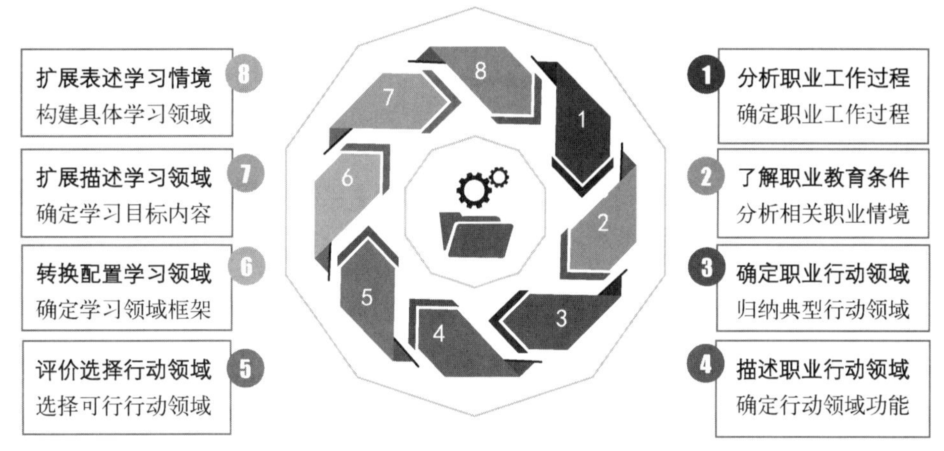

图2-6 学习领域课程开发的八个步骤

第一步，分析职业工作过程。本步骤主要是了解和分析该教育职业中相应的职业与工作过程之间的关系。

第二步，了解职业教育条件。本步骤主要是调查和获得该教育职业在开展职业教育时所需要的条件。

第三步，确定职业行动领域。本步骤主要是确定和统计该教育职业所涵盖的职业行动领域的数量和范围。

第四步，描述职业行动领域。本步骤主要是描述和界定所确定的各个职业行动领域的功能、所需的资格或能力。

第五步，评价选择行动领域。本步骤主要是评价所确定的行动领域，以此作为学习领域的初选标准及相应行动领域选择的基础。

第六步，转换配置学习领域。本步骤主要是将所选择的行动领域转换为学习领域配置。

第七步，扩展描述学习领域。本步骤主要是根据各州文教部长联席会议指南的内容，对各个学习领域进行扩展和描述。

第八步，扩展表述学习情境。本步骤主要是通过行动领域定向的学习领域具体化来扩展和表述学习情境。

2.1.5 学习领域课程开发案例——《土建施工员》活页式教材开发

下面以《土建施工员》活页式教材编写过程中进行的学习领域开发为例，说明学习领域课

① 姜大源.当代德国职业教育主流教学思想研究：理论、实践与创新[M].北京：清华大学出版社，2007.

程开发的基本过程。

1. 分析职业工作过程

施工员是施工企业完成各项施工任务最基层的技术和组织管理人员。作为建筑五大员之一,在施工过程起着重要的作用。工程刚开始的投标、现场施工、工程质量管理、现场安全、现场资料、每月报量、预算、结算及协调各方关系等都需要施工员积极参加。

其主要职责是:结合多变的现场施工条件,将参与施工的劳力、机具、材料、构配件和采用的施工方法等,科学地、有序地协调组织起来,在时间和空间上取得最佳组合,取得最好的经济效果,保质保量保工期地完成任务。主要工作内容是:首先,在项目经理领导下,在工程的投标报价阶段就需要施工员参加投标;其次,在工程现场施工中要负责图纸绘审、施工方案实施、技术交底、施工质量控制、现场施工资料整理和保管等工作;再次,在施工过程中协助项目经理做好组织协调、工程施工中的变更及签证工作。施工员的工作贯穿工程建设管理的全过程,是一个集技术、理论、组织、沟通等多方面能力的综合岗位。施工员还要深入施工现场,协助搞好施工监理,与施工队一起复核工程量,提供施工现场所需材料规格、型号和到场日期,做好现场材料的验收签证和管理,及时对隐蔽工程进行验收和工程量签证,协助项目经理做好工程的资料收集、保管和归档,对现场施工的进度和成本负有重要责任。建筑产品生产过程及施工员工作过程,如图 2-7 所述。

2. 确定职业行动领域

根据施工员的工作过程分析和对职业教育条件的了解,确定施工员的主要职业行动领域如下:

① 施工现场临时设施设计与施工;

② 施工现场定制管理;

③ 建筑工程测量与施工放线及测量点管理;

④ 计量器具管理;

⑤ 现场机械设备管理;

⑥ 现场进度控制;

⑦ 开竣工管理;

⑧ 提供清单以外的签证;

⑨ 施工组织设计与方案编制。

3. 描述职业行动领域及评价选择行动领域

在对施工企业现场参观和与行业专家座谈了解后,结合大量文献资料,描述施工员在各个行动领域中所应具备的能力如下:

① 熟练识读建筑工程土建施工图;

② 读懂水暖电专业施工图;

③ 掌握基础和基坑工程的施工工艺、施工方法、质量检查方法等;

④ 掌握屋面工程的施工工艺、施工方法、质量检查方法等;

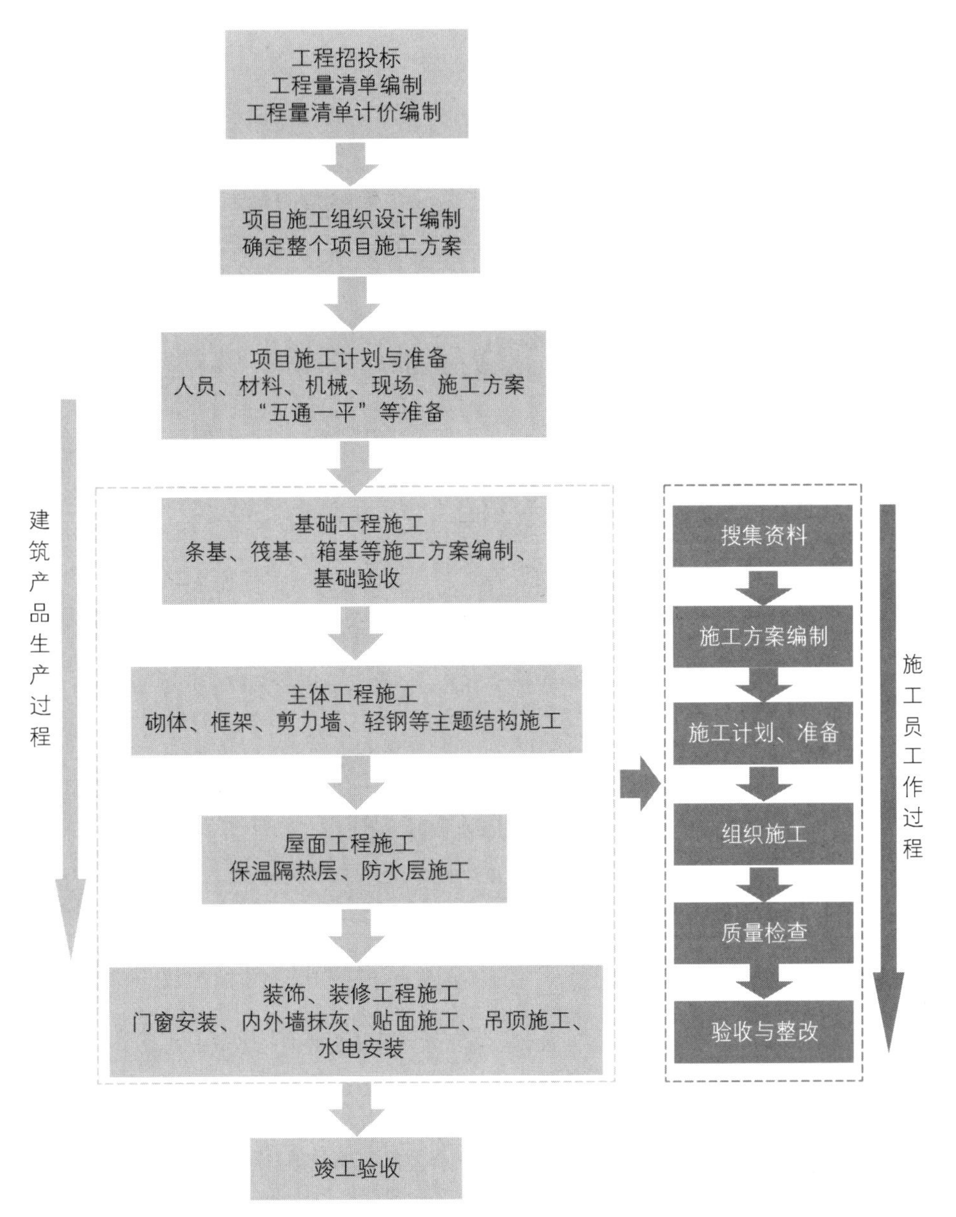

图 2-7 建筑产品生产过程与施工员工作过程

⑤ 掌握砌体结构主体工程的施工工艺、施工方法、质量检查方法等；

⑥ 掌握混凝土框架主体工程和混凝土剪力墙主体工程的施工工艺、施工方法、质量检查方法等；

⑦ 掌握配合水电施工的方法；

⑧ 掌握轻钢结构主体工程的施工工艺、施工方法、质量检查方法等；

⑨ 掌握抹灰与贴面工程的施工工艺、施工方法、质量检查方法等；

⑩ 掌握门窗及吊顶工程的施工工艺、施工方法、质量检查方法等。

4. 转换配置学习领域并扩展描述

施工员学习领域基本结构如下表 2－3 所示。

表 2－3　施工员学习领域课程开发

<table>
<tr><th>编号</th><th>学习领域</th><th>扩展描述学习领域</th></tr>
<tr><td>1</td><td>文化基础及职业指导</td><td>1. 文化基础课的学习包括语文、数学、英语、物理、化学及综合文科
2. 职业道德与职业指导
3. 法律基础知识、经济与政治基础知识
4. 哲学基础知识
5. 计算机应用基础
6. 体育与健康</td></tr>
<tr><td>2</td><td>建筑识图</td><td>1. 正确识读建筑总平面图
2. 正确识读建筑施工图(平、立、剖、构造节点详图)
3. 用 CAD 画竣工图</td></tr>
<tr><td>3</td><td>建筑材料检测与管理</td><td>1. 掌握水泥、钢材的性能、特点
2. 材料取样和试件制作
3. 砂、石、水泥、钢材、外加剂、砌块质量验收
4. 材料检测</td></tr>
<tr><td>4</td><td>地基的处理、基础施工</td><td>1. 地基的处理
2. 计算基坑(槽)土方工程量
3. 正确识读基础结构图
4. 对基础工程钢筋配料进行计算、审查
5. 编报基础施工备料计划
6. 选择基坑土方开挖方案和基础施工方案
7. 编制基坑工程施工作业指导书(含工艺流程、施工方法、质量标准、施工要点)并进行技术交底
8. 编制基础工程施工作业指导书(含工艺流程、施工方法、质量标准、施工要点)并进行技术交底
9. 检查、验收基础各分项工程质量
10. 填写基础各分项工程质量检查验收记录表和基础工程验收单
11. 办理工程签证
12. 图纸会审</td></tr>
<tr><td>5</td><td>砌体结构工程施工</td><td rowspan="4">1. 对主体工程结构钢筋(型钢)配料进行计算和审查
2. 正确识读主体结构施工图和结构详图
3. 编报主体工程施工备料计划
4. 选择主体工程施工方案
5. 编制主体工程施工作业指导书,并进行技术交底
6. 编写主体工程验收报告和相关资料
7. 留置试块与试块管理
8. 填写施工日志</td></tr>
<tr><td>6</td><td>混凝土框架与楼梯施工</td></tr>
<tr><td>7</td><td>混凝土剪力墙与特种结构施工</td></tr>
<tr><td>8</td><td>轻钢结构工程施工</td></tr>
<tr><td>9</td><td>抹灰与贴面工程施工</td><td rowspan="3">1. 编报装饰装修工程(内外墙抹灰工程、贴面工程、门窗安装、吊顶、涂饰工程)施工备料计划
2. 选择装饰装修工程施工方案
3. 编写装饰装修工程各分项工程施工作业指导书,并进行技术交底
4. 对装饰装修工程各分项工程进行质量检查与验收</td></tr>
<tr><td>10</td><td>门窗与吊顶工程施工</td></tr>
<tr><td>11</td><td>楼地面工程施工</td></tr>
</table>

(续表)

编号	学习领域	扩展描述学习领域
12	屋面工程施工	1. 编报屋面工程施工备料计划 2. 选择屋面工程施工方案 3. 编制屋面工程施工作业指导书,并进行技术交底 4. 对屋面工程各分项工程进行验收
13	建筑设备的认知及其管理	1. 识读水、暖、电施工图 2. 土建施工中为水、暖、电施工创造条件 3. 学习给水排水管道安装工艺 4. 学习电路及电气安装工艺
14	脚手架工程与垂直运输设备	1. 脚手架搭设基本要求 2. 扣件式钢管脚手架、模板支架、悬挑式脚手架、吊篮脚手架等的构造、施工工艺 3. 扣件式钢管脚手架、模板支架、悬挑式脚手架、吊篮脚手架等的质量验收与安全措施 4. 龙门架及井架物料提升架安拆方案、技术交底 5. 施工外用电梯安拆方案、技术交底 6. 塔吊安拆方案、技术交底 7. 扣体式钢管脚手架强度、刚度、稳定性计算
15	建筑工程测量与施工放线	1. 测量机械的运用及其管理 2. 对房屋轴线及标高进行复测 3. 测设“50”线 4. 引测填充墙位置线 5. 保护“控制点”和“标高基准点”
16	施工组织设计编制	1. 编制周转材料计划 2. 编制施工设备计划 3. 编制成品保护措施 4. 编制施工总平面图 5. 编制劳动力计划 6. 计算施工水、电用量和大临设施面积 7. 编制工序流程图 8. 编制施工进度计划(用网络图) 9. 编制文明施工及环保措施
总计(小时)		

2.2 学习情境开发

2.2.1 学习情境相关概念

1. 学习情境理论及概念

情境认知论(situated cognition theory),最早是由布朗、柯林斯和杜吉德(Brown,Collions 和 Duguid)提出的。情境认知观认为,知识发展与应用的活动是不能与学习和认知分离的,也不是一种辅助作用,更不是中立的,它是所学内容的一个有机组成部分。情境与活动共同产生了知识。学习在本质上是一个在特定情境中协商互动的过程。在知识观上,情境认知论认为,知识是一种动态的建构与组织,知识是个体与环境交互作用过程中建构的一种交互状态,是人类协调一系列行为去适应动态发展变化环境的能力,所以知识的习得要联系具体的情境才能较好地掌握。人类知识的获得与积累就是来自于这种情境认识与情境记忆,其中包含着感性上升到理性的运作过程。

根据情境认知论理论和德国基于工作过程学习领域课程开发的先进经验,我国著名职业教育研究专家姜大源、吴全全在《当代德国职业教育主流教学思想研究》一书中提出学习情境的概念:学习情境是组成学习领域课程方案的结构要素,是课程方案在职业学校学习过程中的具体化。换句话说,学习情境要在职业的工作任务和行动过程的背景下,将学习领域中的目标表述和学习内容,进行教学论和方法论的转换,构成在学习领域框架内的"小型"主体学习单元。作为具体化了的学习领域,学习情境因学校、因教师而异,具有范例性特征,是学习领域课程的具体化。实际上,学习领域是课程标准,而学习情境则是实现学习领域能力目标的具体的课程方案,是活页式教材开发的核心落脚点。

2. **学习情境开发标准**

学习情境是在典型工作任务基础上,由教师设计用于学习的"情形"和"环境",是对典型工作任务进行"教学化"处理的结果。学习情境是根据完成典型工作任务的工作过程要素特性设计的,即这个典型工作任务:

- 在哪些不同的工作环境或岗位中进行?
- 有哪些重要的工作情境或服务对象?
- 有几个和什么样的重要部分?
- 有几个重要的(部分)工作成果或产品类型?
- 采用哪些显著不同的工具、工艺流程、系统或设备?
- 有哪些显著不同的劳动组织方式?

学习情境的设计与不同专业的内容特征有很大关系,为了有效创设学习情境,教师要充分调研,了解学生就业岗位所需要的典型工作任务,掌握工作过程所需的技术要求和行为规范。在每一个学习情境中,学生学习任务的难度水平要考虑到任务的相互关联性、任务难度适当、工作过程完整、便于组织教学、教学工作量适宜等诸多因素。学习情境的划分方法可根据适量性、类别性、过程性、关联性等特征来进行处理。

学习任务是学习情境的物化表现,它来源于企业生产或服务实践,能够建立起学习和工作的直接联系,但并不一定是企业真实工作任务的再现。基于学习任务的学习情境设计要注意以下标准:

- 学习情境内容与课程标准密切相关,能覆盖课程标准中的专业能力要求;
- 背景真实,描述生动,能激发学生学习热情;
- 学生的任务明确、具体(含小组和个人);
- 规定的完成期限实际可行;
- 为学生提供发展关键能力的机会;

- ➢ 理想情况下,在学习情境的设计和评价过程中有企业参与;
- ➢ 学习活动采用多种组织形式(如小组学习、双人学习和个体学习);
- ➢ 评价方法明确,给定等级标准;
- ➢ 难度恰当,学生经过努力可以获得成功;
- ➢ 有一定的时效性(至少在三年内可用);
- ➢ 符合法律、社会道德和职业规范。

2.2.2 学习情境开发步骤

学习情境的开发对于活页式教材的开发具有重要作用。学习情境开发的流程如图 2－8 所示。

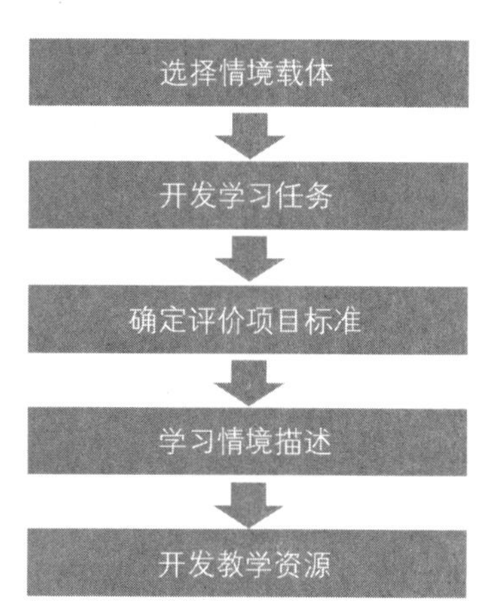

图 2－8 学习情境开发的流程

1. 选择情境载体

在选择情境载体前,教师要先到工作现场对实际工作情境进行分析,主动获取企业的项目或任务并对项目完成的工作过程、工作对象、使用工具、劳动组织方式、环境布局、人员安排做深入细致的研究,然后综合教学论、方法论原理以及学校现有的实践教学条件,从“学生中心”的角度出发,选择合适的载体,载体要在同一范畴内,要具有可迁移、可替代性和可操作性。学习情境设计的载体大体可归结为:项目、任务、案例、现象、设备、设施、活动产品、零部件、构件、材料、场地、系统、问题、对象、工位、类型、岗位、生产过程、运输工具、业务对象、类别等。

2. 开发学习任务

设计学习任务中所选的工作任务要职业针对性强,工作(业务)流程清晰,遵循工作过程的内在逻辑,包含:对象、内容、手段、组织、产品、环境六要素。学生通过完成该工作任务能实现学习情境中的教学目标。

3. 确定评价项目标准

在确定评价项目标准时要突出职业能力培养是职业教育的目标和特点的总原则,建立职业素质与职业能力相结合,阶段考核与综合测评相结合,专业能力与社会、方法能力相结合,课内考核与技能比武相结合,课内任务与课外项目相结合,班组自评、互评与教师评价相结合的考核评价体系。在校外实训基地进行的项目要综合企业、社会评价。要关注学生的个性差异,注重过程考核和职业素质及职业能力的考核,用发展的眼光综合评价学生。

4. 学习情境描述

学习情境是学习领域的有形化、具体化,学习情境描述就是在学习领域的基础上进一步将学习领域的组成要素细化,一般通过使用学习情境描述表来实现,其所描述内容应包括:学习领域名称、学习情境名称、学时、学习目标、主要内容、教学方法建议、教学评价方式、媒介、学生知识与能力要求、教师知识与能力要求等。

5. *开发教学资源*

为配合学生自主学习，教师在设计各种教学方法和手段时还应开发相应的教学资源，然后还可建立一些配套使用的“项目、任务说明书”、引导文、案例库、技术支持库、素材库等，为帮助学生的任务引领式学习和项目学习提供必要的学习资源。教学资源的合理整合是活页式教材开发的主要工作之一。

2.3 典型工作任务分析

在劳动科学和职业教育领域，人们从不同的角度、用不同的方法对工作任务进行研究和分析，从而解决不同的问题，如通过岗位任务的分析可以制定岗位规范并开发岗位培训课程，而开发职业教育活页式教材，建议采用“典型工作任务”的分析。职业的典型工作任务是一个职业的具体工作领域，又称为职业行动领域，它是工作过程结构的综合性任务，反映了该职业典型的工作内容和工作方式。完成典型工作任务的过程能够促进从业者的职业能力发展，完成该任务的方式方法和结果多数是开放性的。典型工作任务来源于企业实践，是针对一个职业的，在开发活页教材时典型工作任务也可以针对一个专业或一个职业小类。典型工作任务是通过系统的、科学的职业分析研究得到的，一个职业通常包含10—20个典型工作任务，例如图2－9所示是某企业“制作测试仪”的完整工作任务分析过程。①

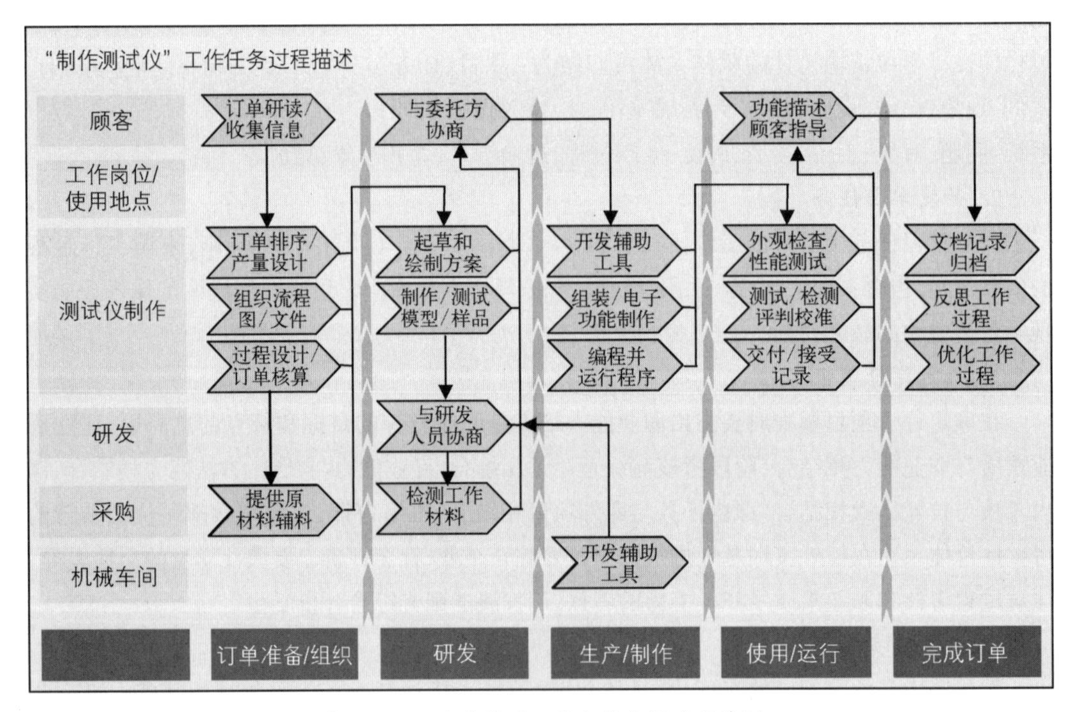

图2－9 一个完整的工作任务分析过程举例

① Nina Grossmann, Tilmann Krogoll, Vera Meister 编.借助学习任务进行职业教育——学习任务设计指导手册[M].刘邦祥，译.北京：机械工业出版社，2010.

一本活页式教材应当反映一项典型的职业工作任务,因此,确定和描述一个典型工作任务,是职业教育专业设置和课程开发的基础。一般情况下,一个典型工作任务就是职业院校的一门学习领域课程。

2.4 工作过程与工作过程知识

所谓工作过程,是在企业里完成一件工作任务并获得工作成果而进行的一个完整的工作程序,是一个综合的、时刻处于运动状态但结构相对固定的系统。广义的工作过程是指实现确定目标的生产活动和服务的顺序,狭义上是指向物质产品产生的。工作过程的意义在于一个职业之所以能够成为一个职业,是因为它具有特殊的工作过程,即在工作的方式、内容、方法、组织及工具的历史发展方面有它自身的独到之处。

工作过程是工作人员在工作场所利用工作资源完成一项工作任务并获得工作成果的一系列活动,它是对人的职业行动这一复杂系统进行科学分析的工具。工作过程的复杂程度和范围是由工作任务的性质决定的。虽然不同职位、教育背景和工作经验的人从事的工作任务千差万别,但他们完成任务过程的基本结构大体相同,如图 2－10 所示。①

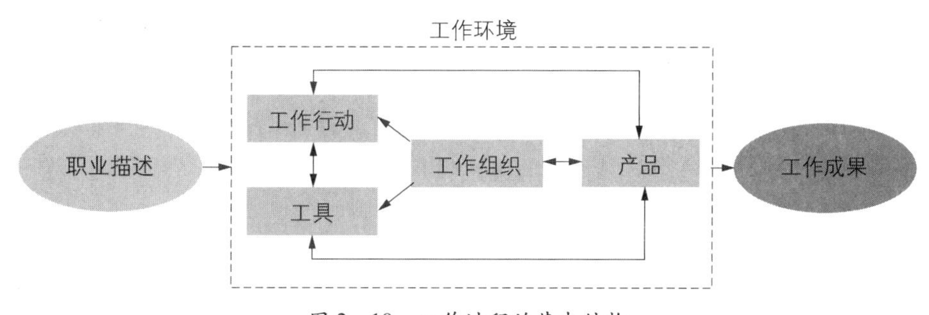

图 2－10　工作过程的基本结构

参照德国联邦职教所(BIBB)的 6 阶段模型,工作过程的 6 个阶段如图 2－11 所示,分别是:

(1) 明确任务。即明确工作任务和目标,并获取与完成工作任务有直接联系的信息。本阶段的重点是明确问题情境,即描绘出工作目标、弄清存在的困难,以及为达到目标所需做的工作、条件和应当满足的要求。

(2) 制订计划。根据已经明确的任务设想出工作行动的内容、程序、阶段划分和所需条件。一般完成任务有多种途径,可按照不同的步骤、采用不同的工具和材料。计划阶段的首要任务是根据给定设备和组织条件列出多种可能性。这首先要在大脑中想象出具体的工作过程,而这对学生工作经验和专业知识则提出了较高的要求。

(3) 做出决策。即从计划阶段列出的多种可能性中确定最佳解决途径。这里需要具备科

① 赵志群.职业教育工学结合一体化课程开发指南[M].北京:清华大学出版社,2009.

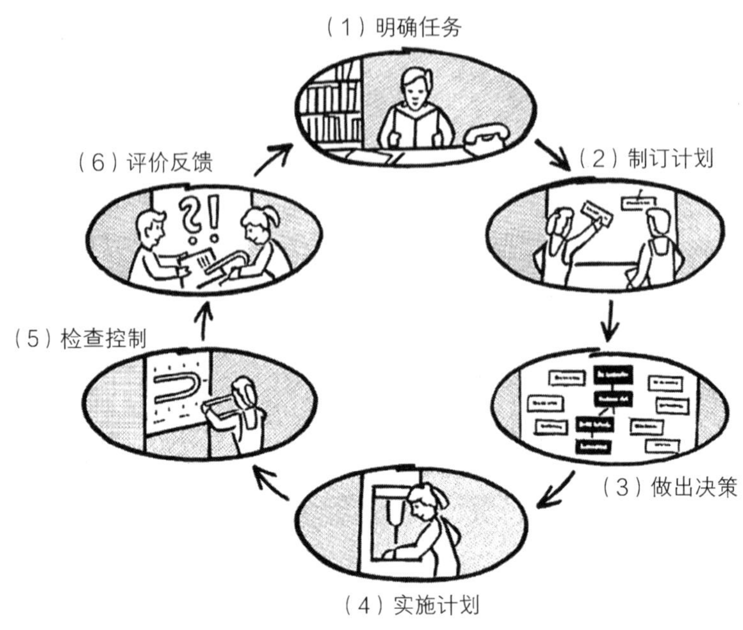

图 2－11　工作过程 6 个阶段

学和理性的决策能力和决策技术。决策往往通过小组形式集体做出。

(4) 实施计划。即按照确定的最佳途径开展工作。在实践中,实施过程与上一步决策的结果常有一定偏差。产生这些偏差并不可怕,关键是应及时观察并记录这些偏差,并在实施过程中做出合理调整,在评价阶段分析这些偏差的原因。

(5) 检查控制。即在实施过程中采用适当的方式对工作过程进行质量控制,以保证得出所期望的结果。

(6) 评价反馈。即从技术、经济、社会、道德和思维发展等多方面对工作过程和工作成果进行全面评价。评价的目的不仅仅是找到缺陷,更重要的是找到产生缺陷的原因,并做出相应的修正。

由于工作是指人的脑力和体力劳动,因此工作过程是"人"的活动过程,而不是企业的生产流程、工艺流程或服务程序。

对职业教育来说,真正有意义的知识包括两类:一类是与工作实践结合的专业理论知识;另一类是与工作情景相关的实践性知识,两类知识都与工作实践相关,因此合称为"工作过程知识"。工作过程知识是指有丰富经验的技术工人所特有的、与生产过程相关的知识。它不仅是在工作过程中直接需要的(区别于学科系统化知识),而且是在工作过程中自我获得的,特别需要通过经验性学习后,在工作经验与理论反思间的特定关系中产生。工作过程知识多数是隐性的,是生产经验与专业理论知识相结合的产物,其结合的紧密程度与工作者个体和工作任务的复杂程度有关。

基于工作过程系统化课程开发理念编写的活页式教材是学生获得工作过程知识的重要

途径。活页式教材应提供结构完整的工作工程,让学生经历从明确任务到评价反馈这一整个解决专业问题的全过程,获得工作过程知识(包括理论知识与实践知识)并掌握操作技能,在实践行动中通过完成学习任务获取专业知识并建构自己的知识体系,同时获得处理信息、整体化思维和系统化思考等关键能力。

活页式教材应该展示完整工作过程,使学生在相对真实的工作情境中,引导学生完成包含完整工作过程的任务,即让学生经历从明确任务、制订计划、做出决策、实施计划、检查控制到评价反馈这一完整工作过程。

2.5 行动导向教学

行动导向教学是20世纪80年代以来职业教育教学论中出现的一种新的思潮。行动导向教学与认知学习有紧密的联系,都是探讨认知结构与个体活动间的关系。但行动导向的教学强调以人为本,认为人是主动、不断优化和自我负责的,能在实现既定目标过程中进行批判性的自我反馈,学习不再是外部控制而是一个自我控制的过程。在现代职业教育中,行动导向教学的目标是获得职业能力,包括在工作中非常重要的关键能力。

行动导向教学的特点是:

- 教学内容与职业实践或日常生活有关,教学主题往往就是在工作过程中经常遇到的问题,甚至是一个实际的任务委托,便于实现跨学科的学习;
- 关注学习者的兴趣和经验,强调合作和交流;
- 学习者自行组织学习过程,学习多以小组进行,充分发挥学习者的创造思维空间和实践空间;
- 交替使用多种教学方法,最常用的有项目教学法、案例教学法、角色扮演法等;
- 教师从知识传授者的角色转为学习过程的组织者、咨询者和指导者。

由于行动导向的教学对提高人的全面素质和综合职业能力起着十分重要的作用,行动导向已成为职业学习的指导原理,所以日益被世界各国职业教育界的专家所推崇。

2.5.1 行动导向教学的特点

行动导向教学具有下列特点:

- 学习的出发点是为了行动,应尽可能是具体实用的行动,至少是思想上可领会的行动;
- 行动必须与学习者的经验联系,与其动机相适应;
- 行动必须要求学习者尽可能独立地进行计划、实施、监控并评价;
- 行动应允许学生体验尽可能多的现实意义,使学生对情境有完整的体验;
- 学习过程必须伴随着社会合作的交往过程;
- 行动结果必须继承学习者的经验,并体现其社会应用。

显然,这样理解的行动导向要求职业教育的教师具有教学法、方法论方面的能力。教育者应是学习的咨询者和主持者。

2.5.2 行动导向教学组织与原则

完成一个学习性工作任务,要遵循“完整的行动模式”,因此教学组织也应符合这种模式。理论教师和实训教师不再是一个提供所有信息、说明该做什么并解释一切的传授者,也不再是始终检查学生活动并进行评价的监督者。作为学生学习过程的咨询者和引导者,在“完整的行动模式”中教师应该按照如下步骤(图 2-12)组织教学。

图 2-12 在“完整的行动模式”中教师的行动模型

(1) 明确任务:学生必须独立实现一个给定的目标(根据学习性工作任务),或者独自提出一个学习性工作任务的目标,例如开发某种产品的个人版本,根据已有的材料改变给定的设计方案,提高装配技术或改进劳动工具,制定装配货物的时间等。教师则规定活动的范围、使用材料和完成时间,并帮助学生或向其提供提示使其找到自己的目标(如果目标已经给定,教师就必须激励学生独立去实现目标)。

(2) 制订计划:学生制订小组工作计划或制订独自工作的步骤,着手制作几个不同的计划方案;教师给出提示,并为他们提供信息来源;其他教师(例如基础学科)可在必要时进行授课,让学生获得相应的知识。

(3) 做出决策:学生在自己制订的几个计划方案中确定一个并告诉教师;教师对计划中的错误和不确切之处做出指导,并对计划的变更提出建议。

(4) 实施和检查:学生按照工作计划实施,并检查活动和结果;学生填写教师提供的检查监控表,其他教师(例如基础学科)为学生提供适合于实施和检查的信息;教师应在如下情况下予以干涉：使用机器有危险情况发生，学员未遵循健康和安全规章，产生结果偏差，或者不符合设定的目标。

2.6 引导问题

开发活页式教材具体内容时，设计一系列基于工作过程知识的引导问题是活页式教材开发的关键内容。它的设计，要依据学习任务的不同类型和学习目标的总体要求，要从职业院校教学资源与学生的实际出发，并注意设计的方法和技巧，以更好传递工作过程知识。引导问题的设计直接决定了活页式教材的学习体验，从而决定了学习任务的实施效果和教学实施效果，其重要性不言而喻。

活页式教材是一种建构性的学习媒体，它能帮助学生亲历结构完整的工作过程、获得工作过程知识、实现有效学习、学会如何工作，其主要内容是专业信息和基于工作过程的、体系化的引导问题。引导问题在形式上与传统的测试考题相似，但功能却有很大不同。传统的测试考题侧重考核学习者对学科系统化知识的掌握情况，而引导问题的主要作用则是引导学习者从信息源中找到所需的专业知识，学习专业技能，解决专业问题。引导问题可以采用文字、图表、信息、视频等多种呈现方式，它的设计，需要考虑学习任务的特点、学习目标的达成、学生的实际、院校的教学资源和引导问题自身的设计技巧等多方面因素。①

2.6.1 依据学习任务的不同难度等级设计引导问题

职业教育的学习任务按由易到难可分为四个等级：职业定向性任务、程序性任务、蕴含问题的特殊任务和无法预测结果的任务，针对不同的学习任务难度等级可以设计不同类型的引导问题。

职业定向性任务是企业日常性、简单重复性工作任务。职业定向性任务需要解决“是什么”的问题，一般要求学生在教师的指导下完成。在设计引导问题时，应以定向和概括性知识为主，要给出详细的指导和提示，答案唯一。引导问题设计以填空题、选择题、判断题和识图题为主要形式，辅以少量简答题，以便学生能尽快了解职业本质，迅速适应职业环境并快速成长。

程序性任务是企业常规技术性工作任务。程序性任务需要解决“为什么”的问题，一般要求学生依据已有的方法或规律独立完成。在设计引导问题时，应以关联性知识为主，要给出概要的和指导性提示，答案可以有多个。引导问题设计以简答题和问答题为主要形式，以便学生全面掌握专业知识和技能，并形成一定的方法能力和社会能力。

蕴含问题的特殊任务是企业集经验性与技巧性于一体的开放性工作任务。蕴含问题的特殊任务需要解决“怎么做”的问题，一般要求学生在理论知识的指导下通过协作完成。在设

① 陈义华.浅谈一体化学习工作页中的引导问题设计[C]//中国职工教育和职业培训协会秘书处.中国职协2016年度优秀科研成果获奖论文集(学校二等奖)，2016：3491－3499.

计引导问题时，应以具体和原理性知识为主，必要时可以给出少量提示。引导问题设计以问答题和讨论题为主要形式，以便学生获取更多经验和技巧层面的工作过程知识，并形成良好的方法能力和社会能力。

无法预测结果的任务是企业之前从未遇到或在特殊情况下才出现的、复杂的创新性工作任务。无法预测结果的任务需要解决“如何做更好”的问题，一般要求学生在理论和经验的共同指导下通过协作完成。在设计引导问题时，应以基于经验的学科系统化知识为主，没有提示，需要通过全面深入分析、合作探究才有可能完成，答案不确定。引导问题设计以综合性的分析论述题为主要形式，以便学生获取综合性、创造性地解决专业难题的能力。

一般情况下，学习任务越容易，设计的数量就越多，其相应的引导问题也就越简单，数量也越多，封闭性也越强；学习任务越复杂，设计的数量就越少，其相应的引导问题也就越难，数量也越少，综合性、开放性和设计性也越强。

2.6.2 依据学习目标的总体要求设计引导问题

引导问题设置的第二个依据是可以按照学习目标的具体要求进行设定，一定不能脱离了学习目标，引导问题是为学习目标的达成而服务的。职业教育的学习目标按由易到难可分为四个层次：再现、重组、迁移和应用。一般来讲，低级阶段的学习任务，其目标以再现和重组为主，高级阶段的学习任务，其目标以迁移和应用为主。也就是说，任务的类型，决定了其对应的目标层次。任务越容易，其实现目标的难度就越小；任务越难，其实现目标的难度就越大。判断一个学习任务的好坏，关键要看其设计的引导问题是否合适，能否实现预定的学习目标。因此，在任务类型明确后，学习目标就成为决定引导问题设计的首要因素。

职业教育的学习目标是按照工作过程来设计的，既有专业能力的要求，也有关键能力的要求，关键能力目标的实现，要依托于专业能力目标的实现。要实现学习目标，就必须按照工作过程的先后顺序，梳理出每个阶段为实施任务所需的知识点和技能点，然后对照学习目标要求，按照任务实施和实际教学的需要，将相关的知识点和技能点进行整合或打散，设计出相应的引导问题。引导问题在设计时，一定要确保全部覆盖所需的知识点和技能点，范围可略有扩大，但不强调知识的系统性，能实现学习目标，确保任务实施的完整性和有效性即可。

活页式教材的引导问题设计应集中在再现、重组与迁移层面，应用层面的引导问题尽量少用或不用。具体在设计时，首先要考虑教师能不能回答，不同水平职业学校的教学条件能不能实现。如果教师不能回答，学校实现不了，又怎能指望教师用活页式教材去教学生？其次要考虑学生能不能回答，能回答多少。一般来说，活页式教材的引导问题，学生通过正常的学习，至少能回答其中的60%，稍微努力能回答另外的30%，剩下的10%要通过很大的努力，或者在老师的全程帮助下才能完成，这种设计是比较合理的。再次，一定要按照工作过程的先后顺序而不是知识的逻辑结构设计，确保能有效引导学生进行工作实践，并与学习评价有机结合。

活页式教材的引导问题在设计时，还要在方法和技巧上多下功夫。首先，引导问题一定要问在合适的点上，问在必需的知识点和技能点上，问在重点和难点上，问在关键点与特别点上，问在学生易产生疑惑处和出错处。问题可以有难度，但不能过难，当然也不能过易，最忌随意。表达的文字要简洁易懂，且没有歧义。①

其次，引导问题要从学生已有的认知和经验出发，搭建从已知通往未知的桥梁，引发学生产生疑问和主动思考，促动学生积极实践和主动反思，帮助学生产生认同感、归属感和成就感，始终以学生为中心，以此激发学生的求知欲和学习的积极性与主动性。

再次，引导问题的设计一定要遵循由浅入深、由易到难、由具体到抽象的原则，在不知不觉中将学生由初级阶段带入高级阶段，由学习世界带入工作世界，帮助学生在自主式学习过程中不断获得新知识、新技能，最终建构自己的知识与能力体系。

最后，面对以形象思维为主体的学生，引导问题的设计更多地要在直观化、形象化、可视化和趣味化等方面多下功夫，呈现方式也要丰富多样。图 2－13 是在一些德国出版的活页式教材中截取的引导问题。

2. 石材最重要的性能之一是抗压强度。它指示石材被破坏时的负载。
砌砖的抗压强度等级：2, 4, 6, 8, 12, 20, 28, 36, 48, 60
示例：计算一块砖的抗压强度。
压力为 573 kN 时石材破坏。受压面积计算式为：
240 mm · 115 mm = ＿＿＿＿
然后将石材分配给抗压强度等级：
计算公式：$\sigma = F : A =$ ＿＿＿＿ : ＿＿＿＿ = ＿＿＿＿
抗压强度等级：＿＿＿＿

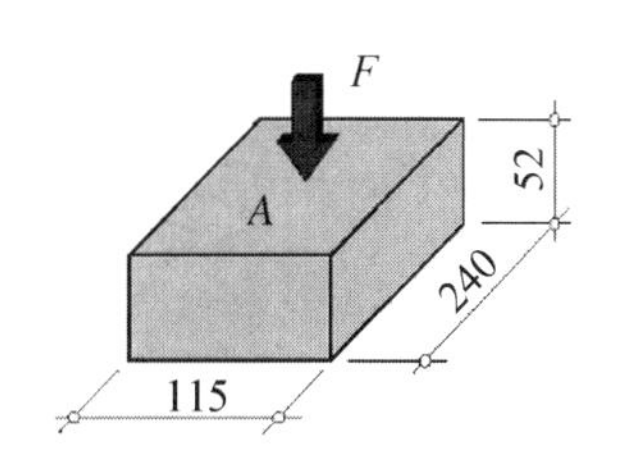

(a) 填空题

砌体施工中的一个关键领域是接缝的形成。

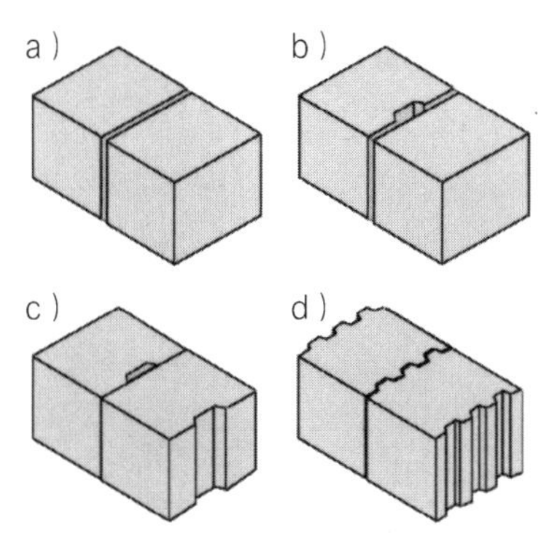

❶ 区分并描述为执行对接缝而显示的四个选项。

a) ＿＿＿＿＿＿＿＿
b) ＿＿＿＿＿＿＿＿
c) ＿＿＿＿＿＿＿＿
d) ＿＿＿＿＿＿＿＿

(b) 简答题

① 陈义华.浅谈一体化学习工作页中的引导问题设计[C]//中国职工教育和职业培训协会秘书处.中国职协 2016 年度优秀科研成果获奖论文集(学校二等奖)，2016：3491－3499.

在下表中输入标准重叠和最小重叠的尺寸(以厘米为单位)。

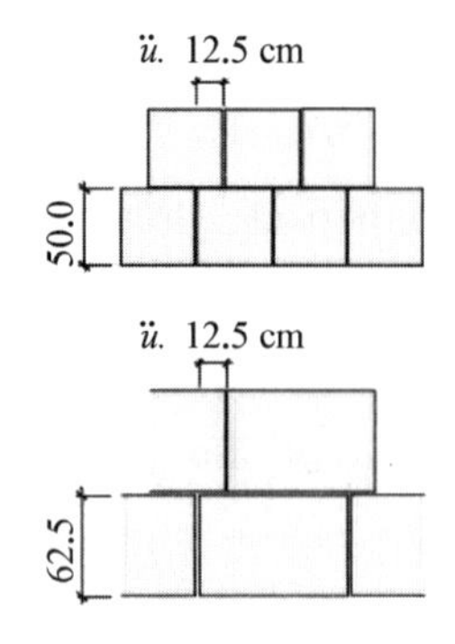

石材高度 *h*:厘米	规则 *ü*=0.4 石头高度	最小重叠尺寸 *h*:厘米
<11.3		*ü*≥
11.3/12.3		*ü*≥0.4 · *h*=
23.8/24.8		*ü*≥0.4 · *h*=
49.8		*ü*≥0.25 · *h*=
62.3		*ü*≥0.25 · *h*=

(c) 表格题

1. 在所示的建筑区域中输入公称尺寸(1 “am” = 12.5 cm).
   所有墙厚 = 4 am!

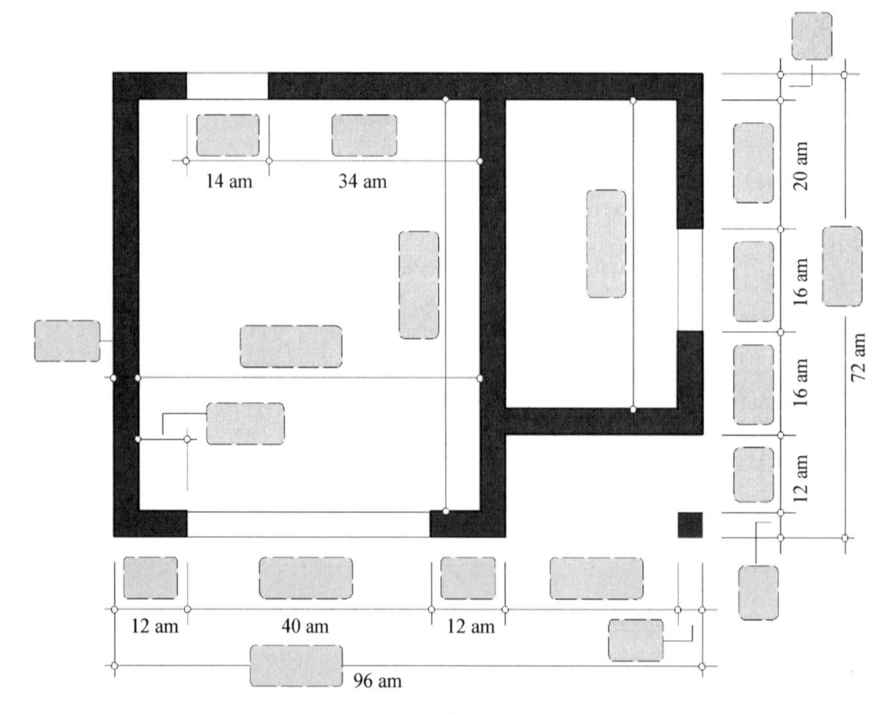

(d) 填图题

5. 如果砖缝从一开始就没有完全被砂浆充满,即使后续继续灌浆,也无法消除该错误。证明这一说法。

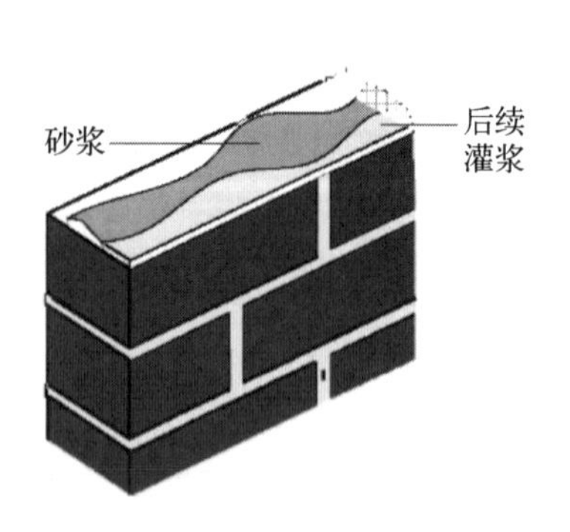

(e) 问答题

图 2-13　引导问题举例

总之，活页式教材中的引导问题设计一定要从实际出发，严格依据任务的类型和学习目标的总体要求，力求做到简洁易懂、适度够用、丰富多彩、生动有趣，帮助学生实现有效学习。只有这样，才能得到师生的认可，实现广泛的传播，从而在活页式教材教学实践中发挥其应有的重要作用。本书第六章提供的活页式教材开发案例给出了大量的各种类型和层级的引导问题，供活页式教材编写人员参考。

第三章 活页式教材开发的步骤

3.1 活页式教材开发路径图

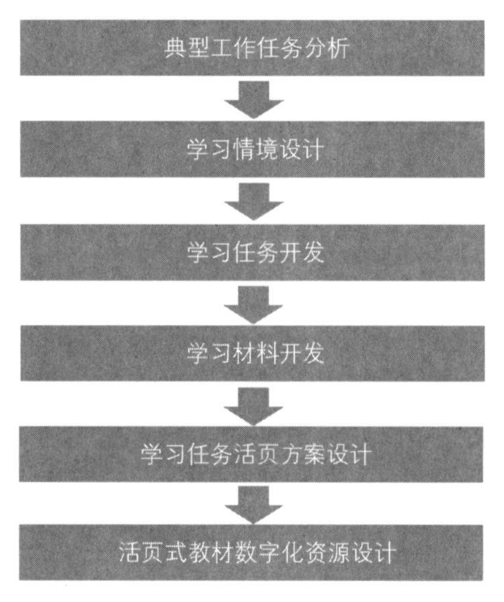

图 3－1 活页式教材开发路径图

3.2 典型工作任务分析

活页式教材可以很好解决职业教育的学习内容与工作实际存在很大差距的问题。传统教学中的很多内容是实际工作中用不到的，同时很多实际工作中用到的工具、工作方法、劳动组织方式等内容却有所缺失。因此，只有通过典型工作任务分析，才能找出学生胜任工作应该掌握的内容及应该达到的要求，这项工作是活页式教材开发的逻辑起点。此外，综合职业能力的培养不是在课堂上听老师讲出来的，是在相对真实的情境中，通过让学生完成学习任务逐渐培养的。而创设什么样的情境，引入什么样的学习任务，不应是任课老师凭主观随意安排的，而应来源于实际工作，要对工作实际中的典型工作任务进行分析，形成如图 3－2 所示的典型工作任务分析成果，才能开始进行活页式教材的编写。否则，会造成教材的内容选择与实际工作任务脱节，不能反映岗位实际工作内容，更不能教给学生真正的工作过程知识。

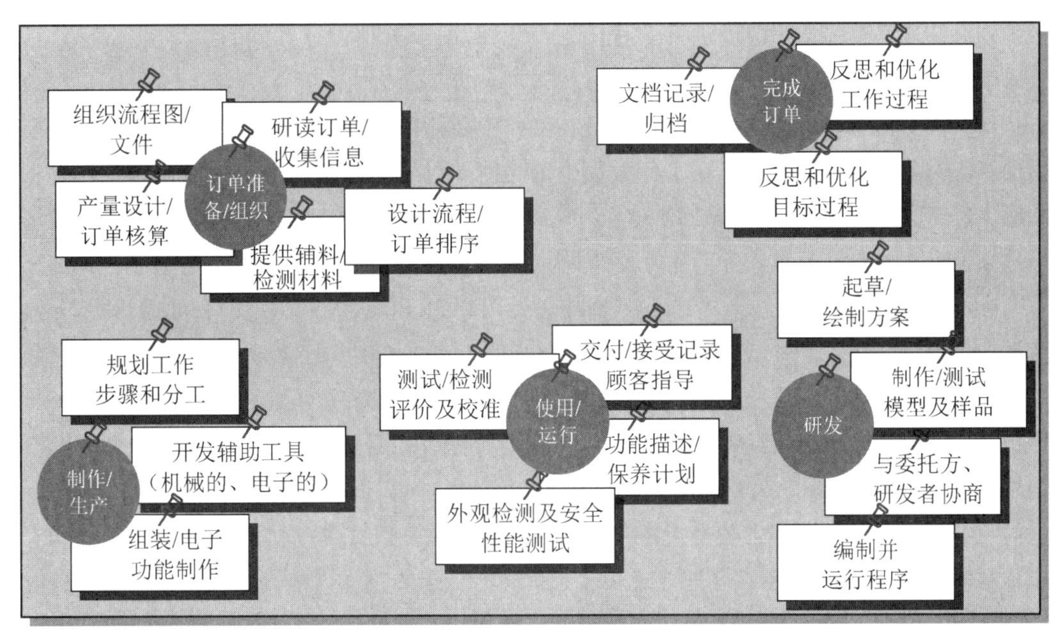

图 3-2　典型工作任务分析成果举例

因此,在开发活页式教材时,一定要进行典型工作任务分析,梳理实际工作中的情境和任务,为活页式教材的学习情境和学习任务设计奠定基础,确保进入活页式教材的每一个学习任务都能涵盖完整的工作过程知识。

3.2.1　典型工作任务分析的内容

工作任务的完成是在一定的工作环境中,遵照工作要求,按照一定的工作过程,针对工作过程中对应的不同工作对象,使用一定的工具和材料,应用相应的工作方法,通过不同工作人员的相互协作,最终完成一件产品或一项服务。完成一件工作需要熟悉工作环境、工作过程、工作对象、工具和材料、工作方法、劳动组织形式以及工作要求。典型工作任务分析的内容应包括以下七个方面①:

(1) **工作岗位及工作环境**。明确与典型工作任务相关的工作岗位及所处的工作环境是进行典型工作任务分析的首要任务。在实践中,一项典型工作任务往往是由多个工作岗位合作完成的,但往往具有一个能反映典型工作任务核心特征的工作岗位。在分析工作岗位时,应清楚该典型工作任务是由哪些岗位合作完成的、岗位人员分配情况、核心工作岗位、岗位的工作环境等。工作岗位分析可以使活页式教材开发人员明确后续典型工作任务分析应针对哪些人员进行,而对工作环境的描述也可以为专业教师在教学实施过程中创设学习环境提供帮助。

(2) **工作过程**。工作过程即企业生产和经营过程中从接受任务到交付完成的这一整个过程。进行工作过程分析有助于活页式教材开发人员全面、准确地梳理工作过程知识,有助于

① 刘彩琴等.职业教育工学结合课程开发与实施[M].北京:北京师范大学出版社,2014.

教师创设结构完整的学习情境进行学习任务设计,有助于教师设计具体的教学实施过程,活页式教材中一定要呈现"完整工作过程"。

(3) **工作对象**。工作对象即工作人员在工作中要做的具体事情。对工作对象的分析要明确工作对象的事物本身及其在工作过程中的功能。对工作对象的分析一般按照工作过程的顺序进行,即在工作过程中的工作对象。梳理出的工作对象可以使活页式教材开发人员清晰地知道为完成典型工作任务具体要做哪些事情,有助于后续的教学设计和实施。

(4) **工具和材料**。工具和材料包括完成任务用到的设备设施、文献资料,如维修手册、技术操作规程和器材等。对工具和材料的分析要梳理出完成该工作任务要用到的工具和材料,工作中如何使用这些工具和材料以及使用标准与要求。一般按照工作过程的前后关系进行分析。理清工作过程中用到哪些工具和材料,有助于在后续的教学设计与实施中让学生学会使用这些工具和材料。

(5) **工作方法**。工作方法是指在完成任务的过程中需要用到的方法,既包括作为初学者应掌握的工作方法,也包括在其职业成长后所掌握的复杂的工作方法。进行工作方法分析时要梳理出工作中用到的方法类别,还要调查如何应用这些方法完成工作任务。在描述完成任务所采用的工作方法时,一般也按照工作过程的前后关系进行分析。理清完成任务的工作方法,有助于通过教学设计与实施引领学生应用这些方法完成工作任务,从而掌握这些方法。

(6) **劳动组织方式**。劳动组织方式不仅涉及岗位间的关系,还包括岗位内部的工作分配和相关责任。只有了解劳动组织方式,才可能了解任务的整个完成过程,才可能逐步建立全局意识、工作责任心和质量意识。理清工作过程中的劳动组织形式,有助于在后续的教学实施过程中创设相应的学习情境。

(7) **工作要求**。工作要求即相关利益群体,包括企业的、社会的和个人的对此项任务的要求,可能这些要求中有些是相互矛盾的,因此需要区分企业要求、社会要求和个人要求之间的差异。对工作要求的分析一般针对工作过程和工作对象的顺序提出。理清工作要求可以为后续学习目标的确定提供帮助。

3.2.2 典型工作任务分析的方法

典型工作任务分析可借助经典的工作分析方法,如访谈法、观察法、问卷调查法、资料收集法。下面就典型工作任务分析常用方法做简要介绍①。

(1) **访谈法**。主要有两种形式,一种是教材开发人员和企业实践专家坐在一起,通过对实践专家进行引导性提问和交流,获取对工作分析有帮助的信息。此方法通常用于工作分析人员不能实际参与观察的工作。第二种是行动导向的研讨,即和实践专家一起工作,对实践专家工作中的一些做法进行询问,从而获取信息。访谈时应由教材开发人员做好信息记录。

(2) **观察法**。对工作实况作现场考察并记录有关工作情况。采用观察法观察时,根据分

---

① 刘彩琴等.职业教育工学结合课程开发与实施[M].北京:北京师范大学出版社,2014.

析的目的,事先确定观察内容、观察时间、观察位置、观察所需的记录单,做到省时高效,并通过观察将有关的信息记录下来。

(3) **问卷调查法**。利用事先设计好的标准化问卷对工作职位进行分析,问卷内容包含决策活动、技能活动和设备操作活动以及信息加工活动。

(4) **资料收集法**。经企业允许,收集被调查岗位的工作职责、工作规范、质量标准、任务书、工作过程记录表等文字资料,拍摄反映企业的设施设备、工作流程、产品和成果等的照片和视频。

以上工作分析方法各有优点。工作分析人员在实践中应综合考虑各方面因素,将各种方法结合起来收集子任务,效果会更好,图 3-3 是综合运用各种方法后收集的子任务列表。

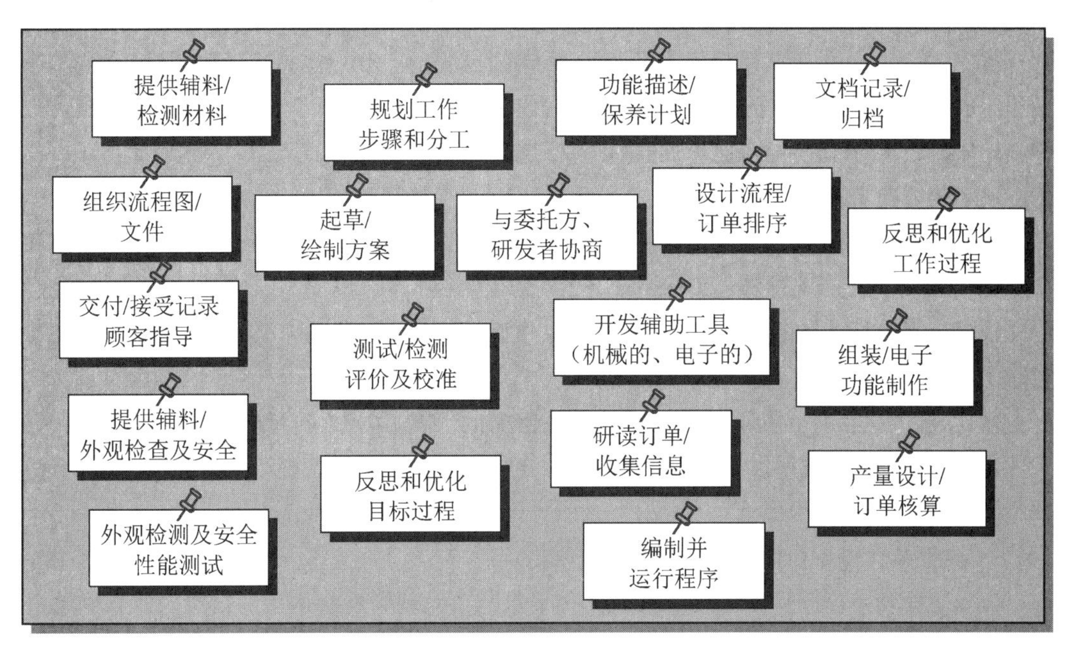

图 3-3 综合运用典型工作任务分析方法收集子任务举例

但是需要注意的是,在做典型工作任务分析时,一般不能只依靠岗位人员填表、资料收集或者专家访谈的形式,因为通过以上方法获得的信息往往不够全面,而深入工作现场的实际观察和行动导向的研讨非常重要,即教材开发人员与实践专家一起工作,从专业角度观察、体会和解释所观察的实践专家的专业行为,审视实践专家的陈述,从而真正理解工作任务和工作过程的内涵。同时可将深入现场拍摄的照片与视频用于后续活页式教材编写内容中,并作为配图设计对应的引导问题。

3.2.3 典型工作任务分析的具体过程

1. 典型工作任务分析的准备

首先,确定调研单位与岗位。小组首先确定去哪些单位的哪些工作岗位进行调查分析,这里所选择的工作岗位应能体现典型工作任务的核心特征，针对一个典型工作任务应在尽可能多的企业、地区及不同规模的单位进行调研，这样可使分析结果具有较强的代表性。一般选择的数量应在三个以上。

其次，组成分析工作小组。小组一般由3—4人组成，包括职业学校教师和实践专家，实践专家可以是学校为开发教材而专门聘用的。

最后，明确小组任务，制定工作计划。采用合理的工作分析方法、参照典型工作任务分析的引导问题，确定和实施工作任务紧密相关的七个方面的内容，并确定时间安排、人员分工及实施步骤。

2. 典型工作任务分析的实施

典型工作任务分析一般可以按照如下步骤进行：

首先，采用访谈的形式和企业人员面谈，面谈的目的是获取一些关于工作的核心内容，以便小组成员逐渐明确工作分析的要点。面谈的内容主要包括：在什么样的工作岗位上完成这一工作任务；工作任务的对象是什么；采用什么工具、方法和劳动组织形式；为此应满足什么样的专业工作要求等。

其次，分析小组全体成员置身于工作现场之中，参照典型工作任务分析的引导问题边观察边访谈，即小组成员观察实践专家的工作，对仅靠观察不能判断其意义和作用的环节，通过向实践专家提问予以补充。在分析过程中可以作摘要笔记，把观察和访谈中获得的认识简要记录下来。

最后，除了观察和访谈外，还可以采用调查问卷的形式，如果经企业允许，还可以拍照，有时图片往往比复杂的文字表述更能说明问题。在得到企业同意的情况下，最好还能索取一些典型的技术资料，如技术图纸、程序文件、技术操作规程等，以便巩固分析资料。

3. 典型工作任务分析结果的记录和整理

深入工作现场进行调查后，分析小组全体成员需要对现场观察访谈的情况及收集到的资料等进行系统的记录和整理。

小组的每个成员根据分析的引导问题逐一叙述对每个分析范畴（工作过程、工作对象等）的分析结果，记录负责人对每个成员的叙述进行权衡，归纳整个分析小组共同的分析结果，然后进行汇总记录。为了让没有经历现场分析的教师能够明白分析的结果，了解任务的完成过程，记录负责人在做详细记录的时候，应以文本分析对分析结果进行全面描述，并且可以在记录表中加入少量有针对性的照片、草图。这样做有助于事实的说明，并且在记录过程中最好不要采用纲要式的要点罗列。在每个企业做完典型工作任务调查之后，都要做好典型工作任务分析记录表，为下一步的学习任务设计提供基础，其成果直接影响到后续活页式教材开发的合理性。

4. 典型工作任务描述

在多个典型工作任务分析记录表基础上进行归纳、总结，然后用一段话对典型工作任务进行描述，描述的重点是典型工作任务的内涵及其工作过程，其中内含着该职业重要的“隐性知识”和技能。这样的描述能为活页式教材设计提供简洁、基本而又重要的信息。典型工作任务描述和填写要点可参照表3-1所示内容进行①。

表3-1　典型工作任务描述表

<table>
<tr><td>课程名称</td><td></td><td>基准学时</td><td></td></tr>
<tr><td colspan="4">典型工作任务描述</td></tr>
<tr><td colspan="4">要点：
典型工作任务是在“实践专家访谈会”的基础上提炼归纳而来的，它是一大类真实的、完整的工作任务的总称。典型工作任务描述是确定课程目标、学习内容、选取具体教学任务和考核评价的重要依据。典型工作任务描述至少要包括这类工作的名词含义、外延(特征)、在实际工作中存在的价值、工作流程和工作标准(规范)四个要素。
(1) 这类工作的名词含义、外延(特征)。标准写法：“这类工作中的名词部分指的是什么，这类工作的名词外延有哪些或哪些特征”。这类工作的名词含义、外延(特征)是合理选择学习任务来支撑这门课程和确定课程总目标的依据。
(2) 在实际工作中存在的价值。标准写法：“这类工作在什么情况下会发生，由什么人交付给谁来完成什么具体工作”。在实际工作中存在的价值是再现工作情境和教学价值设计的依据。
(3) 工作流程。标准写法：按照工作过程中“明确任务、制定计划、做出决策、实施计划、检查控制、评价反馈”的六步确定工作环节，并描述每个环节由谁完成什么。工作流程是工作内容分析的基础。
(4) 完成这类工作的工作规范(工作标准)。标准写法：这类工作所依据的国家、行业、企业的标准、规范或合同中规定的要求要求。工作规范(工作标准)是工作要求、课程目标、考核评价的依据。</td></tr>
<tr><td colspan="4">工作内容分析</td></tr>
<tr><td>工作对象：
要点：描述每个工作环节中要做的事情(动宾结构)。从工作流程中来，是工作内容分析表中其他项目分析的基础。</td><td colspan="2">工具、材料、设备与资料：
要点：对应工作对象，列举所要的条件资源。是学习内容和教学活动筹划表中“资源”的依据。
工作方法：
要点：指每个工作环节要做的事、应掌握和应用的方法，是工作要求、学习内容和教学活动评价点的依据。
劳动组织方式：
要点：指工作过程中劳动组织形式以及上下级劳动关系。</td><td>工作要求：
要点：明确每个工作环节中要做的事情应达到的标准。与工作对象相对应，从典型工作任务描述要素中来，是确定课程具体目标的依据。</td></tr>
<tr><td colspan="4">课　程　目　标</td></tr>
<tr><td colspan="4">标准写法：
(1) 综合目标描述：“学习完本课程后，学生应当能够胜任什么样的工作。”——从典型工作任务描述中第1个要素中来。
(2) 具体目标描述：按照工作对象顺序逐条描述，一般写法：能够通过获取哪些资源，应用哪些方法和技术手段，按照什么工作标准或工作规范，形成什么工作成果。此外要描述隐性能力的培养目标。具体目标一般不超过7条——从典型工作任务描述中第4个要素和工作内容分析中来，是确定学习内容的依据。</td></tr>
</table>

① 刘彩琴等.职业教育工学结合课程开发与实施[M].北京：北京师范大学出版社，2014.

(续表)

学　习　内　容
要点：依照课程目标逐条梳理知识、技能及素养要求等内容。原则上与课程目标数量相对应，是从参考性学习任务中确定具体学习任务的依据，也是本课程综合评价的依据。

参考性学习任务（依据实践专家访谈会中的代表性工作任务转化而来）		
序　号	名　　称	学　　时
1		
2		
…		
n		

教学实施建议
要点：确定实施该课程所需的场地、设备、学生组织方式以及采用的教学方法。

考　核　建　议
要点：描述该门课学完后考核的方式、内容。一般建议采用阶段性评价（60%）和终结性评价（40%）相结合。

注：典型工作任务描述表是活页式教材开发前期重要工作，是后续制定“学习任务”的重要依据。

典型工作任务分析，不是简单的岗位分析。单纯的岗位分析没有把工作当成一个整体看待，割裂工作之间的联系，只能获得一些分散的知识点和技能点。

进行典型工作任务分析时，虽然也要深入岗位进行调查，有时也会收集企业的一些岗位技术操作规程作为参考，但典型工作任务分析是围绕完成一个典型工作任务的完整过程进行的，更加关注工作过程的整体性和完成工作任务所需要的综合职业能力，这一点对编写活页式教材显得尤为重要。

3.3 学习情境设计

学习情境的设计方法与不同专业的内容特征有很大关系，如可以按照一个典型工作任务生产的产品的种类、包含的岗位类型、设备或系统的结构，以及不同的工作对象、生产工艺或操作程序等设计①。图 3-4 是针对“仪器生产”学习情境设计的示意图。

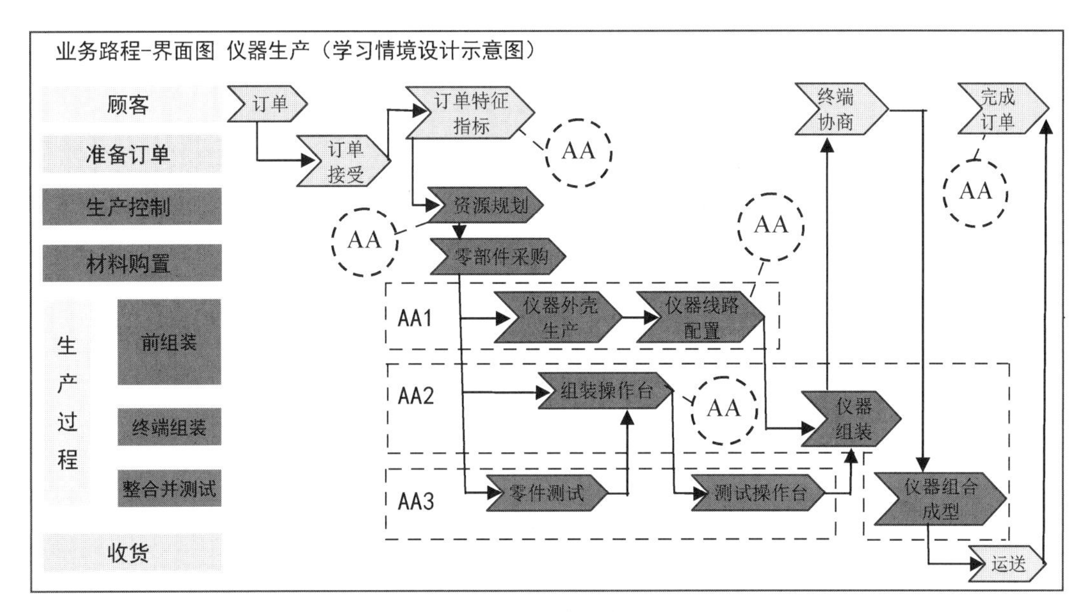

图 3-4 “仪器生产”学习情境设计示意图

一个学习领域设计成几个学习情境？每个学习情境持续多少学时？这里并没有特定的标准。其基本原则是：学习情境的数量与教学时间、教学条件、学生学习能力和教师教学经验有关。通常来说，学习情境越大、综合性和开放性越强，对学生能力发展的促进作用也越大，学习任务的质量也越高，但是要求教师教学的控制能力和教学资源条件也越好，还需要学生有较好的学习能力；若学习情境越小，教学组织越容易实现，但是可能比较难实现较高层次的教学目标，如设计和创新等。因此，在低年级时，对典型工作任务可以设计数量较多的学习情境，以便于教学组织；在高年级时，针对一个典型工作任务则可以设计数量较少、综合化程度较高的学习情境，以培养学生解决复杂和综合性问题的能力。

学习情境是典型工作任务所包含的职业信息在教学过程中的体现。学习情境设计的任

① 刘彩琴等.职业教育工学结合课程开发与实施[M].北京：北京师范大学出版社，2014.

务主要包括①:

- 为学习情境设计具体的学习任务;
- 确认其与其他学习情境的界限;
- 详细描述学习任务;
- 确定教学时间;
- 确定学习目标及评价标准;
- 确定具体的学习内容;
- 确认教学条件和环境要求,如场地、人员、设备和学习资源等;
- 设计教学方案,确定每一个具体的教学环节,采用教学流程的形式描述整个教学过程,内容包括专业能力和关键能力、教学方法和组织形式、可能出现的突发事件和可供选择的教学媒体与学习资料等。

学习情境应当客观、全面反映典型工作任务所包含的职业信息,因为学习情境首先应当是从职业实践中找出来的,而不是完全主观"设计"出来的。设计学习情境的过程就是教材开发人员在典型工作任务的基础上,按照典型工作任务对应的岗位、产品类型、操作部位或系统、复杂性或难度级别、工艺流程或服务对象的不同,在考虑学校教学资源、教师和学生等实际情况的条件下进行教学设计的过程。学习情境设计的重点是设计与表达能够反映这一学习情境的学习任务。

3.4 学习任务开发

3.4.1 学习任务的确定

学习任务是用于学习的工作任务,全称为"工作与学习任务",学习的内容是工作和通过工作完成的学习任务,又称为学习性任务,是学习情境的具体化表现。从典型工作任务到学习任务的确定,是活页式教材开发的重要过程,如图 3-5 所示。

学习任务是职业院校能实现的学习与工作任务,是学习领域课程的基本教学单元。确定和设计学习任务时,应对学习目标和主要学习内容有基本的设想,清楚所采用的学习资源、途径和完成任务的操作程序与步骤,并对学习方式、学生与教师的角色分配有大体的安排。设计好的学习任务应满足以下要求:

- 在专业上具有一定的典型性,而且具有一定的教育和教学价值;
- 能够反映真实的职业工作情境,与企业实际生产或商业活动有直接的联系,具有一定的应用价值;
- 具有清晰的任务轮廓和明确而具体的成果,有可见的产品或可归纳的服务内容;

① 赵志群.职业教育工学结合一体化课程开发指南[M].北京:清华大学出版社,2009.

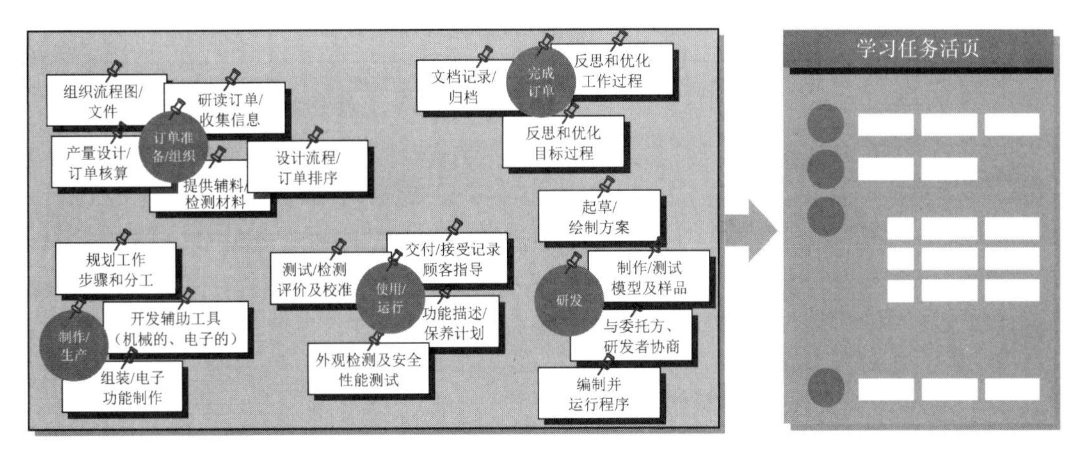

图 3-5 从典型工作任务到学习任务示意图

➢ 完成任务需经历结构完整的工作过程,该工作过程可用于学习特定教学内容,并促进综合职业能力(包括专业能力、社会能力和方法能力)的发展;
➢ 能将某一教学问题的理论与实践结合在一起并具有一定难度,不仅是对已有知识、技能的应用,而且要求学生进行整体化的思考和实践,运用已有知识,在一定范围内学习新的知识、技能,解决未来可能遇到的实际问题;
➢ 有独立学习的手段和媒体,如教材、工具书、技术资料、计算机辅助学习程序以及与教师和同学交流的可能性;
➢ 能对学习成果进行评价,学习结束时师生共同评价学习成果。

设计学习任务时还要从专业上考虑达到一定的质量标准、速度要求,以及相应的技术与组织条件、经济性、环境保护和安全防护等要求。学习任务可以是一个项目任务,也可以是典型职业环境中的案例性工作任务。学习任务描述的方法和要求与前文所述的典型工作任务描述相同。建议对一个学习领域所有学习任务均加以描述后再进入学习目标和学习内容的设计环节,这样可以验证学习任务的合理性。

学习任务设计是根据特定的教学条件对学习任务进行情境描述、确定目标与内容、提出教学建议的过程。内容包括情境描述、学习目标、学习内容,其设计结果为《学习任务描述表》①。情境描述应结合学校教学条件,描述完成学习任务该做什么、由谁做、什么时间、什么地点、教学价值以及工作标准等六要素。应按照完成工作任务的过程(获取信息、制定计划、做出决策、实施计划、检查控制、评价反馈)设计各环节的学习目标,一门课程学习任务的目标之和应满足该课程的学习目标。学习内容建议用思维导图工具分析本任务学习过程需要学习的知识与技能,以及相关的拓展知识、素养等,并进行内容的调整与排序。

学习任务设计方案的具体体例及编制要求如表 3-2 所示。

① 赵志群.职业教育工学结合一体化课程开发指南[M].北京:清华大学出版社,2009.

表 3-2　学习任务设计方案

<table>
<tr><td>学习任务</td><td colspan="2"></td><td colspan="2">教学时间：　　　　课时</td></tr>
<tr><td>工作情境描述</td><td colspan="4"></td></tr>
<tr><td>具体工学任务</td><td colspan="4"></td></tr>
<tr><td>与其他学习
任务关系</td><td colspan="4"></td></tr>
<tr><td>学习目标</td><td colspan="4"></td></tr>
<tr><td>学习内容</td><td colspan="4"></td></tr>
<tr><td>教学条件</td><td colspan="4"></td></tr>
<tr><td>教学方式方法与
组织形式</td><td colspan="4"></td></tr>
<tr><td rowspan="5">教学流程</td><td>活动内容</td><td>教师活动</td><td>学生活动</td><td>学　时</td></tr>
<tr><td>学习活动一</td><td></td><td></td><td></td></tr>
<tr><td>学习活动二</td><td></td><td></td><td></td></tr>
<tr><td>学习活动三</td><td></td><td></td><td></td></tr>
<tr><td>学习活动四</td><td></td><td></td><td></td></tr>
<tr><td>学习评价
测评点</td><td colspan="4"></td></tr>
</table>

学习任务描述主要根据学习任务方案进行填写，原则上一个学习情境填写一个学习任务描述表。学习任务描述表的具体体例及编制要求如表 3－3 所示①。

表 3－3　学习任务描述表

专业名称		课程名称	
学习任务名称		课时建议	
学习任务描述			
学习目标			
学习内容			
资源配备	教师： 教学场地： 设备： 学习资源：		
教学组织流程	(1) 明确任务 (2) 获取信息 (3) 制定计划 (4) 做出决策 (5) 实施计划 (6) 成果展示与评价		
学业评价建议			

3.4.2　学习任务的排序

确定了学习任务以后，还要对这些学习任务做一个内容和时间结构上的安排，即进行合理的排序，如图 3－6 所示。在传统的学科课程中，学习内容的排序是根据某个专业学科内容的知识逻辑确定的，而学习任务的排序应当按照从初学者到专家的职业成长规律来确定。

① 赵志群.职业教育工学结合一体化课程开发指南[M].北京：清华大学出版社，2009.

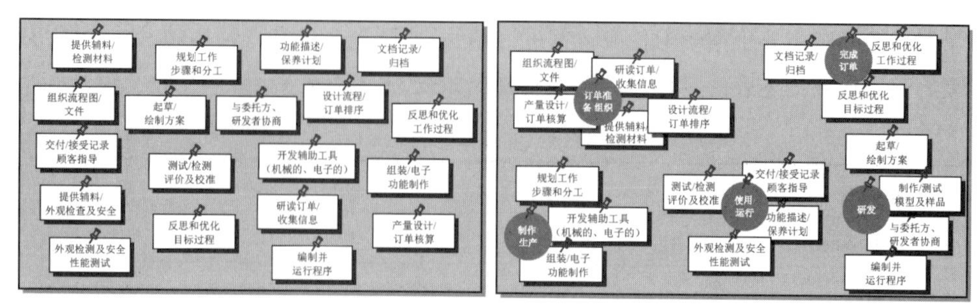

（a）学习任务的收集与归类

（b）学习任务归类后的排序

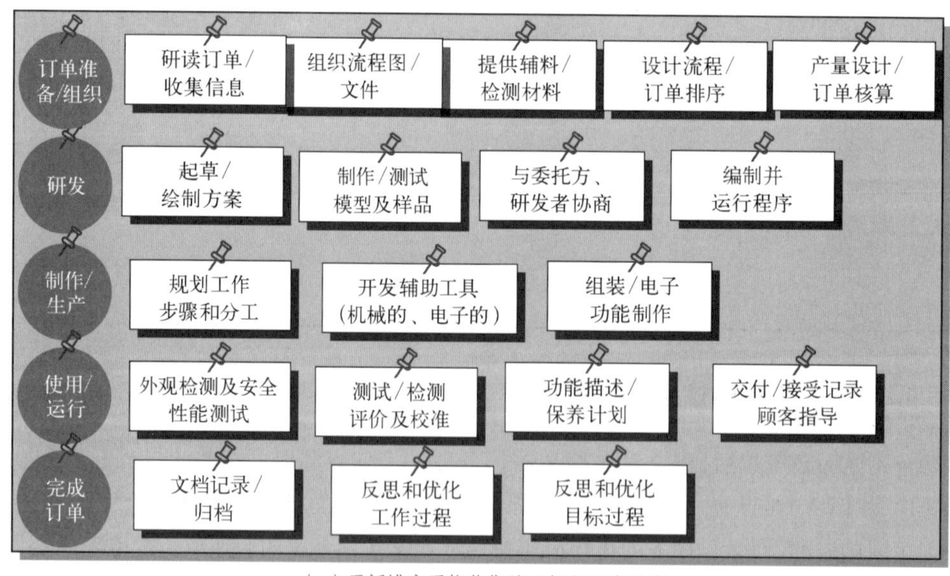

（c）重新排序后将收集的子任务再次对应

图3-6　按照工作过程进行排序

按照胡波特(L. Hubert)等的理论,职业能力发展是一个从初学者到专家的发展过程,这个过程总共分为5个阶段,即初学者、高级初学者、有能力者、熟练者和专家①。职业教育活页式教材设计,就是通过难度不同的学习任务,把处于低级能力发展阶段的人带入更高级能力发展阶段。学习任务的排序根据其学习任务的难度进行,可以划分为四个级别,它们对应四种不同类型的学习任务,即职业定向性任务、程序性任务、蕴涵问题的特殊性任务和无法预测结果的任务,如表3-4所示。

表3-4　学习任务的排序

学习任务的难度等级	学习任务的类型	学习任务的特点	主要内容	典型任务举例
1	职业定向性任务	学生在教师指导下完成任务	行业、企业和职业工作的基本情况	企业的日常性工作和长期性工作,如常规和周期性的服务、转配和安装、简单修理等
2	程序性任务	学生根据现有的规律、规章和操作流程独立完成任务	工艺技术知识及其原因	预防性保养,组件或仪表制作,设备调整和更新,按照专门程序提供的综合性服务等
3	蕴涵问题的特殊性任务	学生在理论知识指导下完成开放性的任务	功能描述与专业解释	综合性的服务,功能分析,故障诊断及修理,复杂产品的生产等
4	无法预测结果的任务	学生在理论和经验的指导下完成创新性任务	职业工作发展的极限	复杂故障的原因分析和排除,技术系统薄弱环节的分析或特殊诊断,技术系统优化等

值得注意的是,职业教育的能力培养目标如团队组合能力、交流能力以及质量标准和成本意识等不直接作为独立的学习任务形式出现,而是通过合适的学习任务载体和教学过程来达到。同时还要注意,一本活页式教材并不一定包含所有这四个难度的学习任务。比如一个处于初学者阶段的学习领域课程,其学习任务的难度系数可能全部都是1级,而培养专家的学习领域往往综合性很强,可能只有一个学习任务,即一个无法预估结果的任务,其难度系数是4级。设计同一个学习领域不同的学习情境时,除教学设计方面的考虑之外,还要从专业的角度进行深入思考,特别是要听取、采纳高层次企业专家和工程师等的意见。

3.4.3　学习目标的确定

活页式教材在确定学习任务描述之后就是进行每个学习任务对应的学习目标开发。学习的本质是可观察的行为变化,因此大多数学习目标可以是一个行为目标,其基本要求是可观察和可测量。按照行为主义学习理论,目标表述一般分为三个步骤进行:

① 刘彩琴等.职业教育工学结合课程开发与实施[M].北京:北京师范大学出版社,2014.

第一步：界定可观察的学习结果；

第二步：陈述发生预期学习的条件（如使用的材料设备和时间要求等）；

第三步：明确规定的水平，即教学结束后预期的行为数量和质量。

学习目标的表述一般有三个组成部分，即行为、条件和标准。其中行为是必需的，即学习目标表述中至少要有一个能够测量的行为动词，而不是过去模糊的方式，如掌握、基本掌握等。

学习目标有三种具体的表述方式：

二段式：行为+结果，例如“学生应能制作一个老虎钳”；

三段式：行为+标准+结果，例如“学生应能根据引导课文的要求制作一个老虎钳”；

四段式：行为+条件+标准+结果，例如“学生应能在没有教师直接指导下独立根据引导课文要求制作一个老虎钳”。

学习目标的分层，主要是通过选择不同的行为动词实现的，如表 3－5 所示。

表 3－5　学习目标的分层和常用行为动词

学习目标层次	行为动词举例
再　现	认识、命名、复述、举例、说明、识别、标明、查到
重　组	理解、阐述、描述、确认、区别、归类、讲解、解释、指出、概括
迁　移	对别、充实、利用、标明、执行
应　用	判断、得出结论、找出根据、推到、评价、拟定

职业技能目标描述的误区是用“掌握”、“了解”、“熟悉”等动词来表述，这种表述非常模糊，使教材目标只停留在文本层面，无法对教学产生实质性的指导作用。在开发活页式教材的学习目标时，需要对有关目标进行初步描述，然后进一步规范化，以避免教材目标之间的彼此重叠，确保衔接顺畅，这就需要对活页式教材的学习目标进行分类。

对活页式教材学习目标的准确描述，其关键就是说清楚每个学习任务所必需的知识、技能、态度目标，也就是把学习目标最终分解为这三类，它们分属认知、动作、情感领域，如表3－6所示①。

表 3－6　描述教材目标的行为动词列表

类型	程度	各水平的要求	使用的行为动词
知识性目标	从低到高	了解水平：再认或回忆事实性知识；识别、辨认事实或证据；列举属于某一概念的例子；描述对象的基本特征	了解、熟悉、说出、描述、列举、列出、指出、背诵、辨认、复述、回忆、选出、识别
		理解水平：把握事物之间的内在逻辑联系；新旧知识之间能建立联系；进行解释、推断、区分、扩展；提供证据；收集、整理信息等	解释、理解、说明、识别、归纳、概述、推断、区别、比较、提供、预测、调查、检索、查找、整理

① 许远.职业教育专业建设与课程教材开发［M］.北京：中国人民大学出版社，2019.

(续表)

类型	程度	各水平的要求	使用的行为动词
知识性目标	从低到高	迁移应用水平：归纳、总结规律和原理；将学到的概念、原理和方法应用到新的问题情境中；建立不同情境中的合理联系等	分析、设计、制定、评价、探讨、总结、研究、选用、选择、学会、画出、适应、自学、发现、归纳、确定、判断、辩护、质疑、撰写、解决、检验、计划、推广、证明
技能性目标	从低到高	模仿水平：在原型示范和他人指导下完成操作	重复、再现、尝试、模仿、模拟、访问、解剖、使用、运行、演示、调试、例证、临摹、类推、扩展
		独立操作水平：独立完成操作；在评价的基础上调整与改进；与已有技能建立联系等	获取、加工、管理、表达、发布、交流、运用、使用、制作、操作、搭建、安装、开发、实现、完成、制作、解决、绘制、安装、尝试
		熟练操作水平：根据需要评价、选择并熟练操作技术和工具	联系、转换、创作、熟练使用、熟练地操作、有效地使用、合乎规范地使用、灵活运用、举一反三、触类旁通
情感性目标	从低到高	经历(感受)水平：从事并经历一项活动的全过程，获得感性认识	亲历、体验、感受、交流、讨论、观察、考察、参观
		反应(认同)水平：在经历基础上获得并表达感受、态度和价值判断；作出相应的反应等	关注、借鉴、欣赏
		领域(内化)水平：建立稳定的态度、一贯的行为习惯和个性化的价值观等	形成、养成、确立、树立、构建、增强、提升、保持

为了解决学习目标描述不准确、不规范这一问题，美国学者麦格(Mager)认为，能力目标的描述一般应包括行为(Behavior)、条件(Condition)和标准(Degree)这三个要素，有的学者又加上了对象(Audience)要素，就构成了目标的“ABCD”标度。

(1) 对象。对象要素是指能力目标所要求的主体，例如对高等职业教育和中等职业教育学生要准确界定，不同的对象对于同一操作技能或同样概念的理解，有着不同程度的要求。

(2) 行为。行为要素是用来显示学生实际上该做什么的。把学生应从事的活动内容表述清楚，有助于师生间有目的地交流。因此，用于直接指导教学的每个学习目标应当设计成可以量化的，尽可能使用达标活动都是可观察的。应尽量避免使用模糊不清的用语，如“知道”、“明白”、“喜欢”、“相信”等，而应当用“列出”、“写出”、“背诵”、“描述”、“说明”、“选择”、“量化”等用语，这样有助于师生的交流并对目标进行有意义的量化。

(3) 条件。条件要素是指在什么条件下对操作行为进行观察。在目标的开发过程中，应注意考虑开发的条件，包括学生必须学会解决的问题的范围、可使用的工具和设备、书本或工作手册这样的辅助教材、环境条件以及特别的身体条件等。阐明条件尤为重要，因为不同条件会产生不同的结果。

(4) 标准。目标中的最后一个要素是可接受的操作行为标准。它被用来鉴定课程中学生操作行为的水平。

在制定活页式教材学习目标时，可以参照以上研究成果进行描述。

3.4.4 学习内容的确定

在确定了学习目标之后，就可以根据学习目标的要求确定各个学习任务的学习内容了。学习内容要根据学习目标要求和学生学习基础之间的差距来确定，一般流程是：先按照学习目标确定学习内容，再根据学生的具体情况加以补充或调整。活页式教材的学习内容是工作，包括工作对象、工具和材料、工作方法、劳动组织方式和工作要求。这里既包括知识、技能成分，也包含态度和价值观成分。按照前文的职业能力分类，学习内容包括专业能力、方法能力和社会能力。一个学习任务完整的学习内容如图 3－7 所示，从图中可以看到并没有区分哪个任务是培养方法能力，哪个任务是培养社会能力，这些能力都是通过具体的任务综合培养的。因此，学习任务的设计对职业能力的培养至关重要，也是活页式教材设计的核心。其中方法能力和社会能力是非常重要的学习内容，但由于其主要组成部分是隐性能力，因此不需要也不可能具体地写入课程标准里。方法能力和社会能力的培养主要是通过科学的设计学习任务

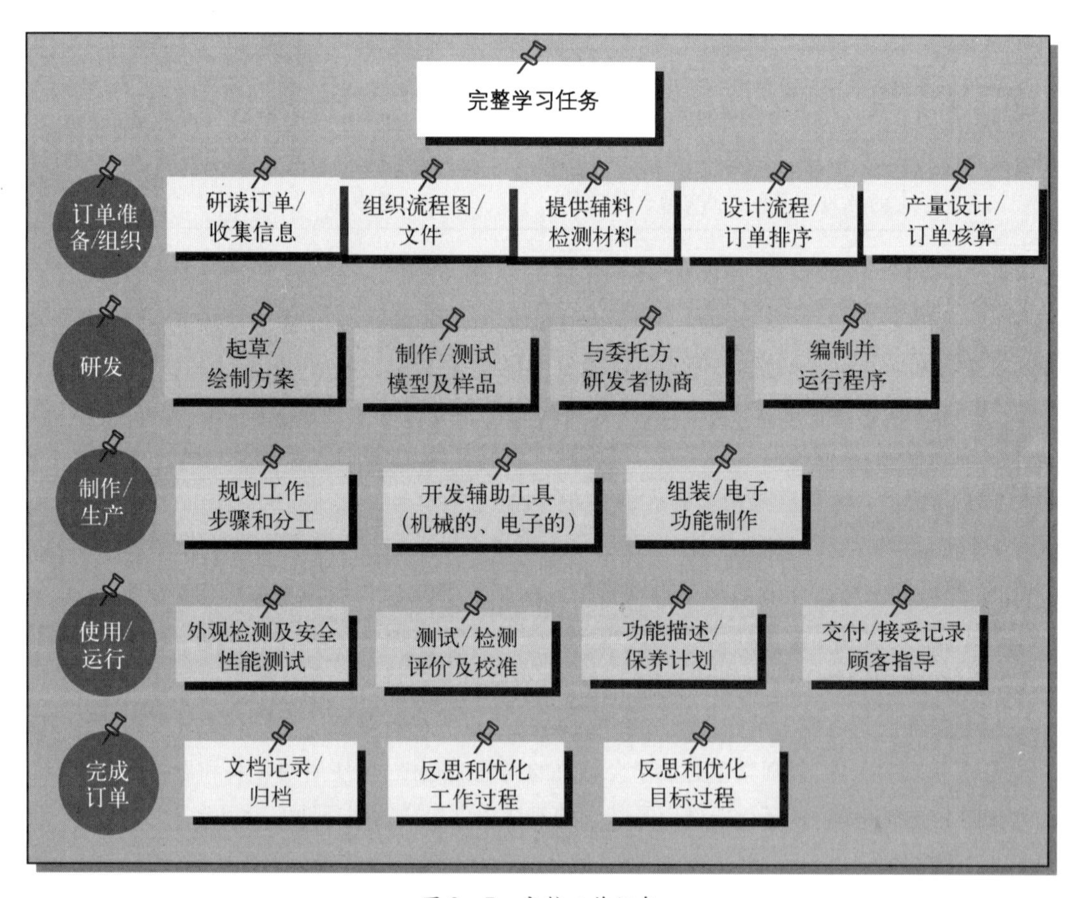

图 3－7　完整工作任务

和学习过程,在专业能力的培养过程中实现的。在选择学习内容时,没有必要强调学科知识本身的系统化,因为学科知识是为完成工作任务服务的。

学习内容与学习目标有一定的对应关系,每一个学习目标应当有相应的学习内容的支撑。在活页式教材中,学习内容主要是通过多种类型的引导问题引导出的,包括直接指明、提出建议、部分提示或指导学生自己解决问题。

3.5 学习材料开发

3.5.1 学习材料的作用与类型

学习材料是教师和学生之间学习信息传递的通道和桥梁。活页式教材的基本作用是引领和帮助学生在完成任务的过程中能够像实践专家一样思考和解决问题,以获得工作过程知识,实现有效学习。学习材料的种类很多,根据其在学生学习过程中所起的作用,可以分为引导性材料和相关知识点两种主要类型①。

引导性材料主要有引导课文、任务书、任务工单等,对学生任务完成过程主要发挥引导和启发作用,帮助学生明确任务,引领学生经历完整工作过程,强化对应用性知识的掌握,促进对完成任务的过程进行反思。另外,这类材料承载了对学生完成任务的过程信息,能够作为对学生进行评价的依据。

相关知识点材料可以直接写在每个学习任务最后,也可以借助专业文献、企业案例、技术手册等,承载完成任务所需的工作过程知识,为任务的完成提供系统、全面、详尽的信息或素材资源支撑,学生可以从中了解完成任务所需的工具、方法、原理、步骤、技术要求、操作要点等。

学科课程对学习材料的依赖较低,教师主要依据教材讲解,学生主要依据教材预习和复习。而符合职业教育特点的教学,要帮助没有完成任务经验的学生能够顺利完成任务,除了教师的组织与引导之外,活页式教材也要提供给学生引导性材料、相关知识点,这非常重要。

3.5.2 学习材料开发的思路

学习材料的开发应先进行实践专家调研,明确实践专家在完成相应工作任务时应采取哪些行为、做哪些思考、如何分析与解决问题、如何判断、如何决策等,以及在完成任务过程中需要熟悉和把握哪些工作过程知识,再结合学生现状分析、教学方法选择、学习共同体组建、学习情境创设、表达与反思的促进、学习效果评价等,着眼于引领和帮助学生能够像实践专家一样完成任务,设计和编写引导学生学习、启发学生思考、提供必要工作过程知识的学习材料。

学生学习时,是通过活页式教材中已经设置好的多样性引导问题,明确任务,进行思考,采取行动。从教材、专业手册、技术资料等相关知识点材料中,或教师的讲解、讨论、演示中获取所需要的工作过程知识,来支持自己的各种行为活动,解决专业问题。

---

① 刘彩琴等.职业教育工学结合课程开发与实施[M].北京:北京师范大学出版社,2014.

一般开发学习材料先从一个或几个学习任务入手，经过实施反馈修改后，再辐射向课程所有学习任务，最后完成整门学习课程的学习材料开发，如图 3－8 所示。

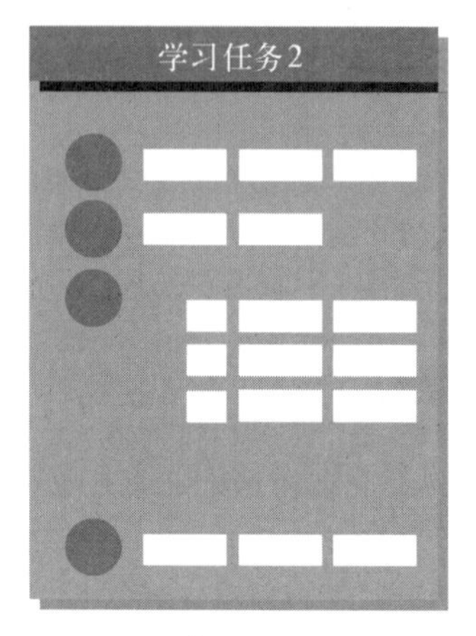

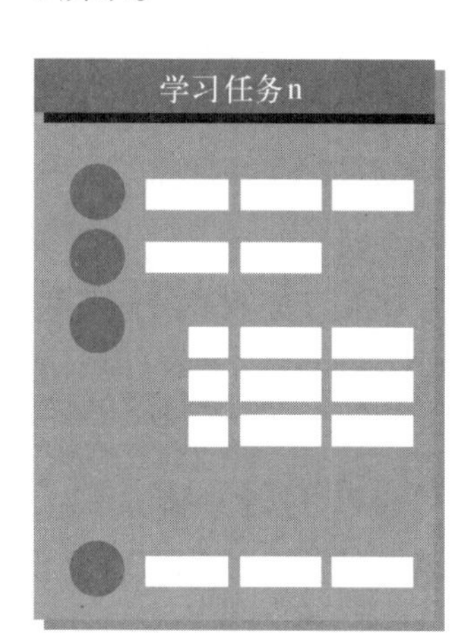

图 3－8　学习任务 1~n 开发

总体来说，对学习任务的行为活动分析，以及所需工作工程知识的梳理是活页式教材开发的基础和重要工作内容。

3.5.3　引导性材料的开发

学生在使用活页式教材时，应该能独自通过引导性材料认识到需要完成的是什么任务，对任务的完成过程形成整体的认识，以及如何评价任务完成的效果与质量。活页式教材的引导性材料包括学习任务的相关信息、任务完成的过程引导、学习效果评价等。学习任务的相关信息主要包括：学习任务描述、学习目标描述、学习任务要求、完成者信息等。

引导性材料的开发应首先关注学习目标，学习目标是引导性材料开发时的起点，引导性材料的开发应围绕学生的学习目标进行，材料中呈现的具体内容应对学习目标的实现起支撑作用。例如，为了使学生能够学会向实践专家一样解决问题的方式和方法，要将实践专家在完成任务过程当中进行的思考转化为问题，促进学生对这些问题的思考和表达；为了使学生能够经历完成任务的情境，可以将涉及的工具、方法等内容转化为问题，对学生进行恰当的引导；为了促进学生对完成过程的反思，可让学生对完成的过程进行总结等①。

在任务完成过程引导的各个阶段中，一般不提供全部的专业知识、现成的结论和完整的计划，而是设置一系列的引导性问题，引导和促进学生思考，并使之借助各类资源获取问题的解决方法。

引导问题的形式有多种，主要有问答、选择、填空、陈述、解释、说明等，需要时也可配有文章、图表、示例等。一份引导性材料中不应只有一种形式的引导问题。问答是提出疑问，用于

① 刘彩琴等.职业教育工学结合课程开发与实施[M].北京：北京师范大学出版社，2014.

引出行为活动关联信息需继续获取的方向；选择与填空常用于引出需要通过计算、判断、比较得出的信息，有时也用于突出解释、陈述一些重要信息；陈述、解释、说明等直接引出与某些行为活动相关联的信息，常用于提示引导问题的大方向，或者提示出关键性的操作、重要的概念定义等。具体可以参考“2.6 引导问题”一节内容。

对于不同专业、不同课程、不同学习任务和学习目标要求，学习过程引导的表述方式、侧重点、引导形式会有所不同，材料的内容也要根据具体的教学组织形式、教学媒体以及与其他学习材料的关系而进行适当的增减。

3.5.4 相关知识点材料的开发

活页式教材的相关知识点材料可以直接引用各类专业手册，这些手册涵盖相应领域的信息比较完备，具有较好的综合性和权威性，是完成该专业学习任务必备的资源。也可以搜集与学习任务相关的专业文献、企业案例等。这些相关知识点可以放在每个引导问题之后列出，也可以放在每个学习任务最后列出，可参考第六章提供的活页式教材开发样例。

为了帮助学生能够更好地完成任务，实现对其综合职业能力的培养，活页式教材的相关知识点要对学生完成学习任务的行动起到支撑作用。通过对课程所有学习任务的行为活动分析，获得完成这些任务必需的工作过程知识。活页式教材的相关知识点的内容应尽可能涵盖这些工作过程知识。同时，为了保证有些知识的系统性和延伸性，需要在相关知识点中加入相关的拓展内容，这也有利于学生后续课程学习和能力空间的发展。

在活页式教材编写过程中，这部分内容必不可少，是活页式教材“教材”属性的必要体现。知识点内容如果篇幅较长建议放在每个项目结束后，如果知识点内容篇幅较小，可以放在每个引导问题后面以“小提示”的栏目列出，这些也是区别传统学科式教材的典型特征。

3.6 学习任务活页方案设计

学习任务活页是学生在教师指导下学生自主完成的综合性学习任务。学习任务活页按照典型工作任务所包含的学习情境设计，是学习情境的“物质化”表现，每个工作活页都针对一个学习情境。在多数情况下，一套活页是一个学习任务，完成所有工作活页学习之后，应当能达到该门学习领域课程的课程目标要求。

3.6.1 学习任务活动页的设计

在以学生为中心的教学中，活页设计具有重要的意义，它引导帮助学生经历完整的工作过程并完成工作任务，将学习过程与工作过程相结合，从而实现直接感受与间接知识获得、实践训练与理论学习、专业能力提高与关键能力发展的紧密结合。学生完成活页学习内容的过程是一个理论实践一体化的能力形成与发展过程。活页的设计要注意以下几点：

➢ 活页的学习内容包括了专业能力和跨专业的关键能力，而不仅仅是事实性知识和操作技能；

- 在教学活动中学生的学习活动占据主要地位；
- 学习环境尽量接近真实的工作环境；
- 通过完成活页的过程和结果控制来保证学习效果；
- 学生有参与学业评价的机会。

活页设计是教师根据课程目标的要求，运用教学设计方法，以典型工作任务为基础，设计学习任务和学习目标、确定学习内容、策划教学方案的过程。一般情况下，一门学习领域课程各个活页之间的学习内容不同，难度、开放性和对学习的要求呈递增趋势，但有时几个活页的基本学习内容也可以有类似的框架，只是学习难度和要求在递增。

学习任务活页包括学业内容、学习目标、学习内容、教学资源、教学组织与教学方法、教学流程和评价方式，是教师进行教学设计与教学实施的指导性文件。

3.6.2 学习任务活页的编写

学习任务活页的编写要求主要体现为以下三点：

（1）突出重点。要处理好解决问题与规范化地设计学习流程的关系。让学生通过完成任务并解决问题的有形过程，掌握处理问题的程序和工作标准，而后者恰恰是能力培养的核心。

（2）准确规范。要求突出五个方面的规范，培养学生严谨的工作思路：

- 规范任务名称，准确简述任务情境（问题现象）；
- 问题的判断与分析要有理论依据（理论、原理、规范、标准等）；
- 完成任务（解决问题）要有明确的方法与步骤（工作流程或工艺流程）；
- 工作过程有明确的操作规范与要求，例如6S管理的要求等；
- 要明确工具设备的正确使用方法。

（3）要素齐全。每个学习情境的内容应当完整，所设定的教学任务应能够体现完成一项工作（处理某个问题）的全过程。通过实际操作，学生既能体验和锻炼实际操作能力，又能验证理论、流程、规范和标准的正确性。

学习任务活页是为学生自主学习而开发的引导性学习材料，每一个学习任务依据教学活动策划表编写一份工作活页。工作活页的编写要点如下：

- 工作活页的编制顺序与活动策划表中活动环节相对应；
- 工作活页的具体内容严格按照活动策划表中“学生学习活动内容”和教学设计思想编写；
- 工作活页的编制一定要突出学生“做中学、学中做”的教学思想；
- 每个活动环节都要对学生的学习进行评价，评价内容包括重点、关键点、安全、规范和素养等，活页式教材的结尾一定要有对学生的综合评价，而且评价中一定要有安全和规范素养的要求。

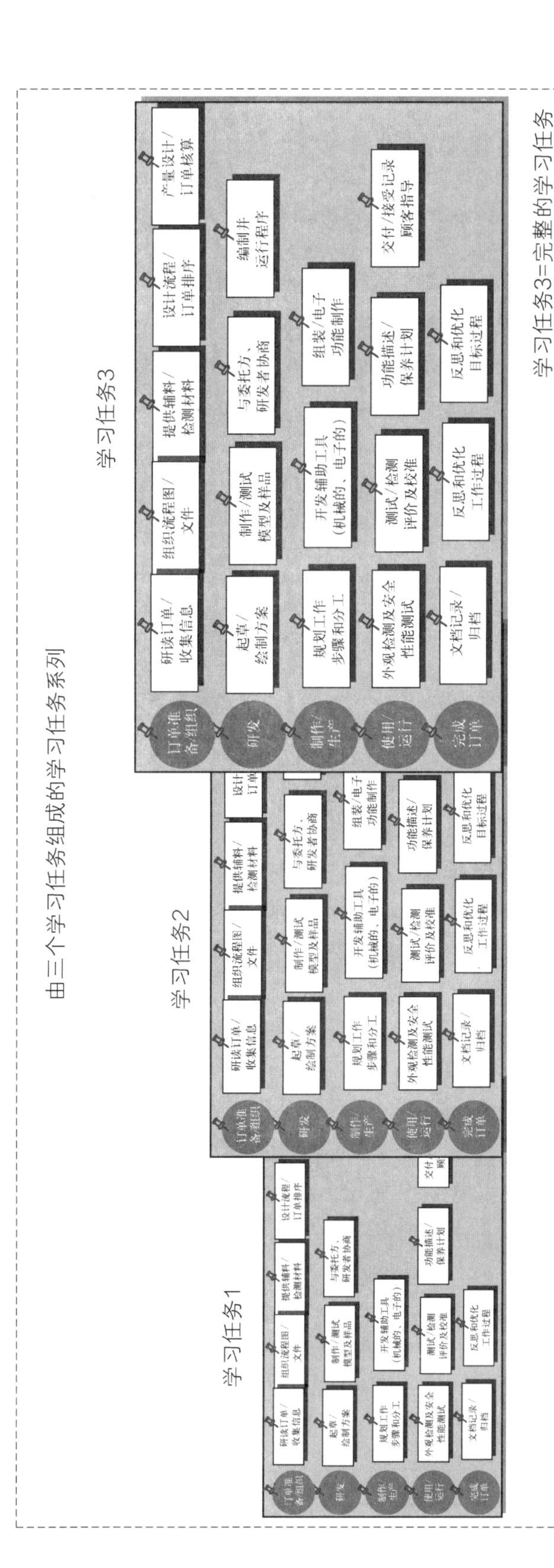

图3-9 每个学习任务对应一套工作活页

3.7 活页式教材数字化资源设计

3.7.1 二维码在活页式教材开发中的应用

二维码是用某种特定的几何图形,按一定规律在平面分布的黑白相间的图形记录数据符号信息的,在代码编制上巧妙地利用构成计算机内部逻辑基础的"0"和"1"。简单来说,二维码是使用黑白矩阵图案表示的二进制数据的可读性条码,用设备扫描后,可获得其中的内容信息。二维码种类繁多,教材中用的二维码主要指 QR Code(Quick Response),是近几年来在移动设备上流行的一种编码方式,它比传统的 Bar Code 条形码能存更多的信息,也能表示更多的数据类型,可以直接使用智能移动设备读取二维码中的信息。二维码能存储汉字、数字等信息,具有信息容量大、编码范围广、容错能力强、扫描响应速度快、制作简单、成本低、持久耐用等特点。将二维码应用在活页式教材开发中,可以对教材的内容进行扩展和延伸,不但方便读者,还节约成本,丰富宣传手段,实现产品的增值,使图书和网络互联,内容更丰富、形式更多样。

二维码的形式弥补了多媒体光盘、教学网站等传统电子资源载体的不足,读者通过智能设备,轻轻一扫,即可获得配套资源的及时呈现。学生以二维码为入口,可以获取相应的资源,不仅可以看视频、图像、动画等,还可以直接下载资源,或者进入网络学习平台。有些二维码甚至还有读者留言功能,学生可以将自己的疑惑发送给教师,拉近了学生与教师间的距离。

学生用手机、平板电脑等智能设备扫描活页式教材中的二维码,即可观看视频、浏览图片、查看解题过程,有鲜明的视觉和听觉冲击。另外,学生还可以观看教师的视频微课,更好地把握学习中的重点、难点,且可反复学习,提高了学习效率。二维码在教材中的应用举例如下:

行程开关的检测

观察行程开关动、静触点、螺钉是否齐全牢固,动、静触点机械部位是否活动灵活。用万用表电阻挡测试常闭触点输入端和输出端是否全部接通,常开触点输入端和输出端是否全部不通,若否,则说明行程开关相应触点已坏。

行程开关检测

接近开关检测

二维码既实现了活页式教材内容的拓展,为读者提供了增值服务,同时又没有增加印张、版面数量,降低了纸张成本和印刷成本。如传统的多媒体光盘,不止制作成本高,而且还容易损坏,增加了读者的负担。二维码的链接资源可及时更新。利用网络的及时性,能够很快更新教材的网络资源,增加最新学科动向和热点,删减过时的知识点,保持动态更新。

将二维码应用于活页式教材出版中,是媒体融合下教材数字化的有益尝试,也是活页式教材数字化建设的重要形式。

3.7.2　微课视频在活页式教材开发中的应用

微课是信息技术高度发展的产物，为实现教育变革及信息技术与课程深度融合提供了思路。微课程在各类教育领域的广泛应用，使得微课程成为近两年教育技术研究甚至教育研究的重要内容之一。信息技术改变了人类的工作和学习方式，赋予教育从业者新的内涵和要求。信息化技术的更新必将导致教师教学模式发生革命性变革。以可汗学院（Khan Academy）与TED - Ed为代表的国外在线微视频（时长约5—15分钟）学习资源的出现与流行，大规模开放在线课程（MOOCs）以及诸如在“翻转课堂”（Flipped Classroom）等教学模式中使用微视频作为教学资源供学生自主学习，触发了教师将微课程运用于课堂教学的可行性探索。

微课可充分发挥现代信息技术优势，将信息技术与课程全面深度融合，在实现优质教育资源广泛共享、提高教育质量和建设学习型社区、推动课程理念变革方面具有独特的重要作用，是促进课程改革与教学创新的重要手段之一。微课程可以更好地帮助学生适应信息化环境，提高数字时代所需的信息化思维能力，养成信息化行为方式，培养信息化素养。

微课程的核心组成内容是课堂教学视频（课例片段），同时还包含与该教学主题相关的教学设计、素材课件、教学反思、练习测试及学生反馈、教师点评等辅助性教学资源，它们以一定的组织关系和呈现方式共同“营造”了一个半结构化、主题式的资源单元应用“小环境”。因此，微课既有别于传统单一资源类型的教学课例、教学课件、教学设计、教学反思等教学资源，又是在其基础上继承和发展起来的一种新型教学资源。

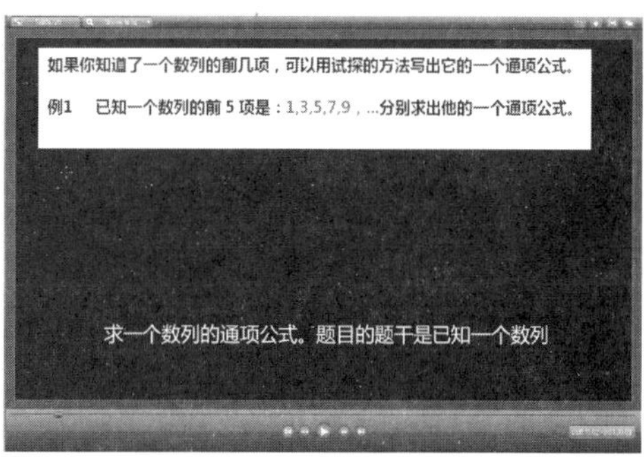

图3 - 10　微课应用举例

微课特点主要体现在以下方面：

（1）**教学时间较短**。教学视频是微课程的核心组成内容。根据中小学生的认知特点和学习规律，微课程的时长一般为5—8分钟左右，最长不宜超过10分钟。因此，相对于传统的40或45分钟的一节课的教学课例来说，“微课”可以称之为“课例片段”或“微课例”，可以将传统的一节课设计成为包含3—4个微课程的新型课堂。

（2）**教学内容较少**。相对于较宽泛的传统课堂，微课程的问题聚集，主题突出，更适合教师的需要：微课程主要是为了突出课堂教学中某个学科知识点（如教学中的重点、难点、疑点内容）的教学，或是反映课堂中某个教学环节、教学主题的教与学活动。相对于传统一节课要完成的复杂众多的教学内容，微课程的内容更加精简，因此又可以称为“微课堂”。

（3）**资源容量较小**。从大小上来说，微课程视频及配套辅助资源的总容量一般在几十兆左右，视频格式须是支持网络在线播放的流媒体格式（如 flv、mp4 等），师生可流畅地在线观摩课例，查看教案、课件等辅助资源，也可灵活方便地将其下载保存到终端设备（如笔记本电脑、手机、Pad 等）上实现移动学习、“泛在学习”，非常适合于教师的观摩、评课、反思和研究。微课程中的“知识点”都是依据学生学习过程中的疑难问题而进行设计的，因此重难点突出、直观，易于学生把握。

（4）**资源构成情景化**。微课程选取的教学内容一般要求主题突出、指向明确、相对完整。它以教学视频片段为主线整合教学设计（包括教案或学案）、课堂教学时使用到的多媒体素材和课件、教师课后的教学反思、学生的反馈意见及学科专家的文字点评等相关教学资源，构成了一个主题鲜明、类型多样、结构紧凑的“主题单元资源包”，营造了一个真实的“微教学资源环境”。这使得微课程资源具有视频教学案例的特征。广大教师和学生在这种真实的、具体的、典型案例化的教与学情境中可易于实现“隐性知识”、“默会知识”等高阶思维能力的学习，并实现教学观念、技能、风格的模仿、迁移和提升，从而迅速提升教师的课堂教学水平、促进教师的专业成长，提高学生的学业水平。

（5）**微课程便于传播**。教师可以在互联网和移动设备中存储、观看，也可以通过一些网络传输媒介进行传输，有利于教师之间进行教学方法和经验的沟通和交流。微课程不受时间和地点的限制，只要拥有计算机或手持设备就可以进行观看、学习，学生在学习过程中有自主空间。微课程可以调节重复观看，播放过程中可以自行调节它的播放进度和快慢，对于不明白的内容可以重复观看。

在活页式教材开发过程中可以针对每一个学习情境录制微课，并采用云端存储，以二维码的形式编写到教材中，可以大大提高活页式教材的学习体验，帮助学生更好地完成学习任务的学习。

3.7.3 AR 技术在活页式教材开发中的应用

增强现实（Augmented Reality，简称 AR），是一种将真实世界信息和虚拟世界信息“无缝”集成的新技术，是把原本在现实世界的一定时间、空间范围内很难体验到的实体信息（视觉信息、声音、味道、触觉等）通过电脑等科学技术，模拟仿真后再叠加，将虚拟的信息应用到真实世界，被人类感官所感知，从而达到超越现实的感官体验。真实的环境和虚拟的物体实时地叠加到了同一个画面或空间同时存在。

增强现实技术，不仅展现了真实世界的信息，而且将虚拟的信息同时显示出来，两种信息相互补充、叠加。在视觉化的增强现实中，用户利用头盔显示器，把真实世界与电脑图形多重合成在一起，便可以看到真实的世界围绕着它。增强现实技术包含了多媒体、三维建模、实时视频显示及控制、多传感器融合、实时跟踪及注册、场景融合等新技术与新手段。增强现实提供了在一般情况下,不同于人类可以感知的信息。

AR 技术不仅在与 VR 技术相类似的应用领域,诸如尖端武器、飞行器的研制与开发、数据模型的可视化、虚拟训练、娱乐与艺术等领域具有广泛的应用,而且由于其具有能够对真实环境进行增强显示输出的特性,在医疗研究与解剖训练、精密仪器制造和维修、军用飞机导航、工程设计和远程机器人控制等领域,具有比 VR 技术更加明显的优势。

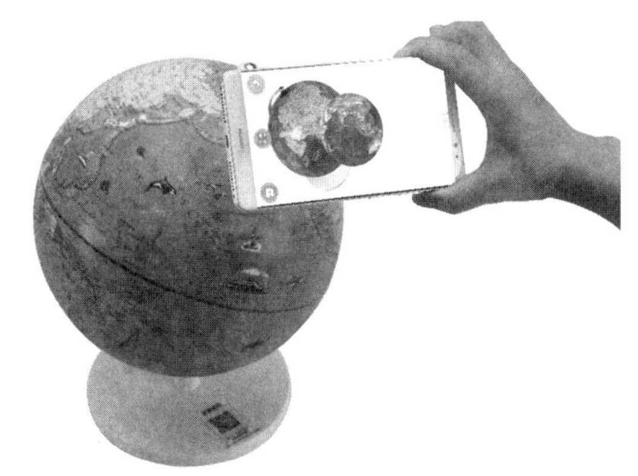

图 3－11　AR 技术举例(AR 地球仪)

以机械类教材为例,其中大量出现的原件图稿、机械结构、装配流程等内容在传统教材中只能以二维图画形式呈现,读者阅读时需自行“脑补”出立体结构,无法直观地将内容呈献给读者。将 AR 技术加入教材中,可将原来纸质图书无法承载的音视频、三维图形、动画等内容融合进教材,提升读者的阅读体验。将 AR 技术与活页式教材真正结合起来,可将图书的内容用更加直观的方式呈现出来。

在活页式教材中利用 AR 技术可以让纸质图书呈现多媒体内容并实现交互,现有技术条件下的 AR 图书主要是通过智能手机、平板电脑等设备安装 AR APP,利用设备的摄像头去扫描图书上特定的图片或标识,在设备屏幕上将呈现与标识匹配的多媒体信息。若呈现的内容是三维模型,旋转图书时模型也随之旋转,读者可从各个角度查看模型的全貌,并点击屏幕进行互动。机械类教材的科学性、专业性、实践性都很强,涉及的知识和能力的范围比较宽,面对专业知识水平较低的读者,AR 技术是直观呈现书中知识的不二选择。AR 技术将虚拟的三维模型、动画与传统图书很好地结合起来,目前已经有多家出版商将 AR 技术应用于职业教育图书上,而活页式教材方面还鲜有涉及。

工科类教材中包含大量图纸,图纸质量的高低很大程度上可以直接衡量该书的好坏,读者对于图纸的理解直接影响其对于知识理解的正确与否。借助 AR 技术读者不必通过传统的三视图、轴测图、照片等图稿“脑补”教材中出现的原件或设备的全貌,通过扫描图稿可以直接 360°查看其三维模型;对于某些复杂设备的装配图,也不必去“脑补”空间结构,直接扫描图稿即可查看 3D 装配动画或视频。这种直观的呈现方式可以将晦涩难懂的专业知识用读者喜闻乐见的形式表现出来,给读者带来极大便利,可激发学习兴趣,提高学习效率。

传统纸质教材是由作者向读者单向传递信息,读者只能被动接受并自行理解其中的内容,而 AR 图书可以通过 APP 实现作者与读者的实时交流;借助模型交互技术,对于书中出现的模型、动画,双方可以借助 APP 通过直接操作三维模型的方式进行设备原理、装配等内容的演示交流。

传统图书出版之后,如果要增加新内容只能等教材再版时再处理。借助 AR 技术,作者可以随时将图书的增改内容上传,读者通过扫描图书可以及时获取图书的新增内容;对于一些新理论、新技术,教材出版时还没有实际应用案例,待实际案例出现后读者直接扫描即可获取相关案例信息,免去读者频繁查找资料之苦。

3.7.4 立体化活页式教材开发

新形态立体化教材是“互联网+”时代教材功能升级和形式创新的成果,是以纸质教材为核心,通过互联网尤其是移动互联网,将多媒体的教学资源与纸质教材相融合的一种教材建设新形态,在纸质文本之外,获得在线的数字课程资源支持,实现“线上线下互动,新旧媒体融合”的整体解决方案。新形态立体化教材以纸质教材为核心,以互联网为载体,以信息技术为手段,将数字资源与纸质教材通过与微视频二维码关联、与智慧教学平台相关联,立体化充分融合并通过多种终端形式应用。其目的是使教材内容更丰富、更生动、更直观,更加符合职业院校学生学习心理和认知规律,如图 3-12 所示。

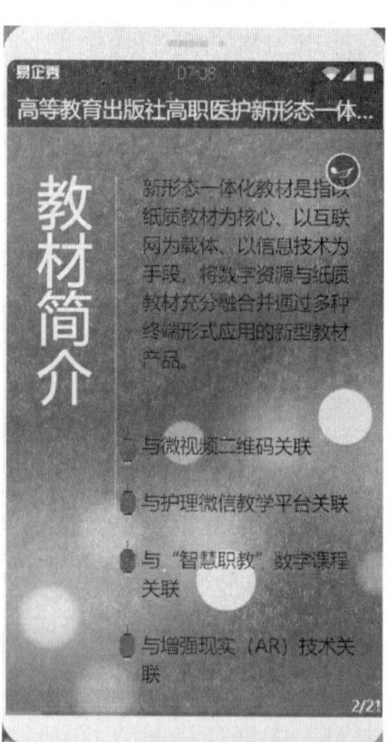

图 3-12 医护新形态立体化教材介绍

立体化教材立足于现代教育理念和现代信息网络技术平台,以传统纸质材料为基础,以学科课程为中心,统合多媒体、多形态、多层次的教学资源,包括多种教学服务内容的教学出版物的集合。立体化教材由主教材、教师参考书、学习指导和试题库等组成,具体由教师辅导、电子教案、助教课件、素材库、文字教材、助学课件、网络课程、试题库、工具软件、教学支撑环境等部分有机构成。其不同于传统教材之处在于它综合运用多种媒体并发挥其优势,形成媒体间的互动,强调多种媒体的一体化教学设计,注重激发学生的学习兴趣。

活页式教材的开发应采用先进的教育思想,构建新型教学模式,以学生的学习为本,来调动学生各方面的积极性,这样有利于学生素质和创新能力的培养。活页式教材的立体化趋势不仅是高科技时代教学手段现代化的标志,更重要的是实现教学信息化、网络化,整合教育科学资源、优化教育要素配置的途径,是一种新型的整体教学解决方案,必将打破过去单一的纸质教材、书本教材那种过分重视知识传授而忽视能力培养的弊端,为职业教育技能型人才培养创造良好的条件。

第四章

活页式教材开发的体例

4.1 活页式教材的体例构成

活页式教材应满足构建以学生为主体的教学，尽量给学生创设真实的工作情景。引入真实或模拟的工作任务，让学生在教师的指导下经历完整的工作过程，并在过程中建构专业知识，训练专业技能；掌握工作方法和学习方法，学习沟通交流、团结合作，形成质量意识、环保意识等；培养认真敬业的工作态度等，使学生掌握工作过程知识、提高综合职业能力。

活页式教材在结构上主要分为二部分，活页式教材的导言部分和学习任务活页部分，如图 4-1 所示。

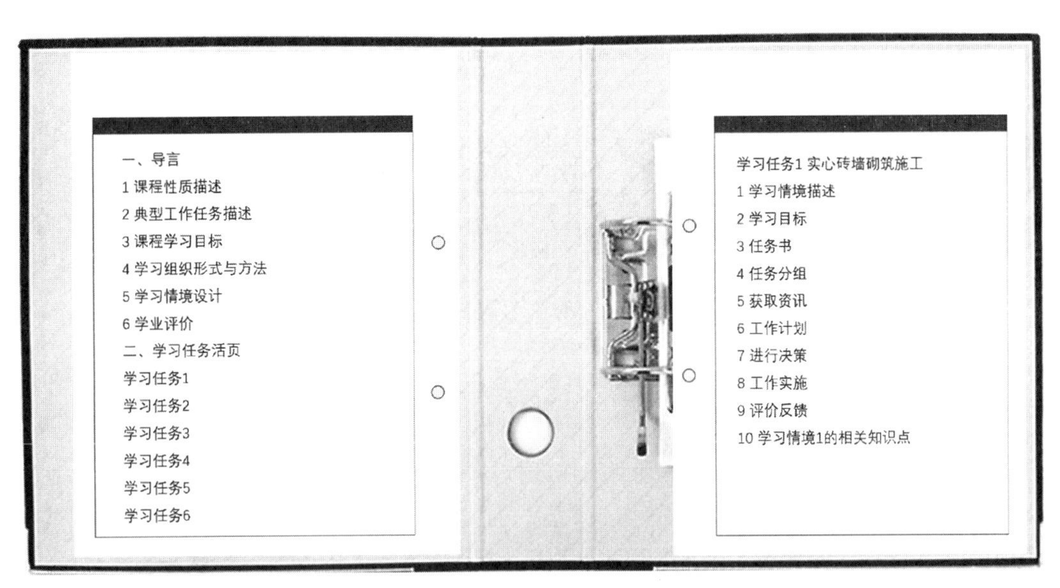

图 4-1　活页式教材体例构成

首先是活页式教材的导言部分，主要包括典型工作任务描述、课程的学习目标、工作与学习内容、教学组织形式与方法、学习情境设计、学习评价等。第二部分是学习任务活页，就是对每一个学习任务的学习情境进行具体描述，主要包括每个任务的学习情境描述、学习目标、工作与学习内容、任务书、分组任务、工作准备、工作计划、工作实施、质量验收、评价等，这部分是活页式教材的主体。

活页式教材也可以按照德国职业教育教材的学习领域课程的编写体例，其栏目设置为：明确任务、制定计划、做出决策、实施计划、检查控制、评价反馈。

活页式教材还可以将全书分成若干“学习情境”（相当于章），每个“学习情境”有若干学习单元组成，并将每个单元的栏目设置为学习目标、任务载体、学习内容、知识链接、知识和能力拓展、课后思考等。

4.2 活页式教材导言部分体例

活页式教材的导言部分位于教材的最前端：包括课程性质描述、典型工作任务描述、课程学习目标、学习组织形式与方法、学习情境设计、学业评价等，主要功能是介绍教材功能和使用方法、展示学习目标、提示学习要点等。

4.2.1 课程性质描述

主要描述本教材所对应课程的性质，还可以增加适用专业、开设时间、建议完成学习任务的教学学时数等内容。

课程性质描述建议体例如下[①]：

《砌体工程施工》是一门基于工作过程开发出来的学习领域课程，是建筑施工技术专业的职业核心课程。

适用专业：建筑工程技术

开设时间：第四学期

建议课时：36 学时

4.2.2 典型工作任务描述

典型工作任务描述：源于生产实际的典型工作任务和学习情境描述。在典型工作任务描述时要注意以下要点：

（1）学习任务的设计体现企业典型工作任务。“活页”教材内容的设计思路是将企业典型工作任务转化为相关课程和学习任务，课程学习内容与企业生产实践紧密结合。例如，汽车维修专业第一学期教材《汽车维护》共设计了 4 个学习任务：汽车日常维护、汽车首次维护、汽车 15 000 公里维护、汽车 30 000 公里维护，这些学习任务都是学生将来在企业中会遇到的实际的“工作情境”。

（2）学习活动体现企业工作过程。教材中学习活动是按照企业工作流程进行设计的，学生完成这些学习活动的同时也就体验了完整的工作过程。例如，《汽车维护》中的“汽车首次

① 侯东君.砌体工程施工工作页[M].厦门：厦门大学出版社，2010.

维护”学习任务共设计了8个学习活动：车辆各系统组成与功用认知、首次维护接车单的识读与填写、首次维护工作准备、发动机舱检查与维护、车舱内检查与维护、首次举升检查与维护、首次维护竣工检查与记录、首次维护学习成果展示与评价。

（3）学习目标体现综合职业能力培养。“活页”教材在注重培养学生专业能力的同时，还注重培养学生的方法能力、社会能力、创新能力以及职业道德、职业精神和职业素养。特别是学生自主分析问题、解决问题的能力以及团队协作的能力，并加大了对这些方面的考核力度。

典型工作任务描述建议体例如下：

> 砌体工程施工是工程建设的重要环节，施工员按照工程进度要求，制定施工方案，组织施工，控制成本，在施工全过程进行质量检查，并在规定的工期内完成符合国家有关质量验收标准的施工任务；同时在整个施工过程中必须严格按照规定进行文明和安全施工。

4.2.3 课程学习目标

确定职业教育的课程目标首先体现职业能力导向的要求，反映企业的典型工作实践；其次要体现学生职业生涯发展的要求，使学生具备综合职业能力；最后建立学习与工作的直接联系，提高学习的有效性。

学习目标：完成学习任务后，预期学生应当能够达到的行为程度，包括所希望行为的条件、行为的结果和行为实现的技术标准。活页中表达的学习目标是教学活动所追求的、学生在完成学习任务后应实现的最终行为，它是预期的学习效果。在活页式教材内容的设计中，要具体反映目标落实的情况，即每一个学习目标在活页中都需配有实现目标的途径。

课程学习目标体例建议如下①：

> 通过本课程的学习，你应该能够：
> （1）正确地识读砌体工程施工图；
> （2）制定符合预期要求的砌体工程施工方案；
> （3）独立完成砌体结构施工放样；
> （4）进行材料（设备）进场检验与报审，确定施工方案，进行砖、石砌体基础的砌筑，并进行质量控制、检验、记录；
> （5）选择脚手架类型，确定施工方案，完成脚手架的设计，组织脚手架施工，在施工过程中进行质量控制、检验和安全管理，并做工作记录；

① 侯东君.砌体工程施工工作页[M].厦门：厦门大学出版社，2010.

(6) 正确地进行砖(石、砌块)砌体墙体砌筑,构造柱、圈梁的施工,对施工过程进行质量控制、检验和评定,并做好工作记录;
(7) 按照验收规范对砌体工程主体结构施工质量及子分部工程施工质量进行验收;
(8) 处理施工过程中出现的质量问题。

4.2.4 学习组织形式与方法

这一部分主要描述活页式教材的学习组织形式与方法。

学习组织形式与方法体例建议如下:

学生划分小组,每个组就是一个工作小组,在小组划分时应考虑学生个体差异进行组合。教师根据实际工作任务设计教学情境,教师的角色是策划、分析、辅导、评估和激励。学生的角色是主体性学习,应主动思考、自己决定、实际动手操作。学生小组长要引导小组成员制定详细规划,并进行合理有效的分工。

本课程倡导行动导向的教学,通过问题的引导,促进学生进行主动的思考和学习。请您根据学习情境所需的工作要求,组建学生学习小组。学生在合作中共同完成工作任务。分组时请注意兼顾学生的学习能力、性格和态度等个体差异,以自愿为原则。

学习组织形式和方法可以针对学生群体和教师群体分别进行描述,针对学生群体体例建议如下[①]:

亲爱的同学:

您好!欢迎您学习《砌体工程施工》课程!

与你过去使用的传统教材相比,这是一种全新的学习材料,它能帮助你更好地了解未来的工作及其要求。通过这本活页式教材学习如何完成建筑工程施工领域中重要的、典型的工作,促进你的综合职业能力发展,使你有可能在短时间内成为建筑工程施工领域的技术能手!

在正式开始学习之前请你仔细阅读以下内容,了解即将开始的全新教学模式,做好相应的学习准备。

① 侯东君.砌体工程施工工作页[M].厦门:厦门大学出版社,2010.

1. 主动学习

在学习过程中，你将获得与你以往完全不同的学习体验，你会发现与传统课堂讲授为主的教学有着本质的区别——你是学习的主体，自主学习将成为本课程的主旋律。工作能力只有看你自己亲自实践才能获得，而不能依靠教师的知识传授与技能指导。在工作过程中获取的知识最为牢固，而教师在你的学习和工作过程中只能对你进行方法的指导，为你的学习与工作提供帮助。比如说，教师可以给你传授如何进行砂浆配合比的计算，给你解释实验配合比和施工配合比的不同，教你如何运用施工规范、如何进行分部分项工程的质量管理等。但在学习中，这些都是外因，你的主动学习与工作才是内因，外因只能通过内因起作用。你想成为建筑施工领域内的技术能手，你必须主动、积极、亲自去完成从图纸到成品直至质量验收整个施工过程，通过完成工作任务学会工作。主动学习将伴随你的职业生涯成长，它可以使你快速适应新工艺、新技术。

2. 用好工作活页

首先，你要深刻理解学习情境的每一个学习目标，利用这些目标指导自己的学习并评价自己的学习效果；其次，你要明确学习内容的结构，在引导问题帮助下，尽量独自地去学习并完成包括填写工作活页内容等整个学习任务；同时你可以在教师和同学的帮助下，通过查阅现行《砌体工程施工质量验收规范》、《建筑施工手册》等资料，学习重要的工作过程知识；再次，你应当积极参与小组讨论，去尝试解决复杂和综合性的问题，进行工作质量的自检和小组互检，并注意操作规范和安全要求，在多种技术实践活动中形成自己的技术思维方式；最后，在完成一个工作任务后，反思是否有更好的方法或更少的时间来完成工作目标。

3. 团队协作

课程的每个学习情境都是一个完整的工作过程，大部分的工作需要团队协作才能完成，教师会帮助大家划分学习小组，但要求各小组成员在组长的带领下，制定可行的学习与工作计划，并能合理安排学习与工作时间，分工协作、互相帮助、互相学习，广泛开展交流，大胆发表你的观点和见解，按时、保质、保量地完成任务。你是小组中的一员，你的参与和努力是团队完成任务的重要保证。

4. 把握好学习过程和学习资源

学习过程是由学习准备、计划与实施和评价反馈所组成的完整过程。你要养成理论与实践紧密结合的习惯，教师引导、同学交流、学习中的观察与独立思考、动手操作和评价反思都是专业技术学习的重要环节。

学习资源可以参阅每个学习任务结束后所列的相关知识点。此外，你也可以通过图书馆、互联网等途径获得更多的专业技术信息，这将为你的学习与工作提供更多的帮助和技术支持，拓展你的学习视野。

你在职业院校的核心任务是在学习中学会工作，这要通过在工作中学会学习来实现。学会学习和学会工作是我们对你的期待。同时,也希望把你的学习感受反馈给我们,以便我们能更好地为你提供教学服务。

预祝你学习取得成功,早日成为施工领域的技术能手!

针对教师群体的学习组织形式和方法体例建议如下[①]:

尊敬的老师:

您好! 感谢您选择《砌体工程施工》这本活页式教材!

《砌体工程施工》是针对建筑工程技术职业典型工作任务学习领域课程开发的活页式教材,是一本强调学生主动学习和有效学习的新教材。它的特点是在学习与工作一体化的情境下,引领学生完成"砌体结构施工与验收"这一职业典型工作任务,经历完整的学习与工作过程,在培养专业能力的同时,促进其关键能力和提高综合素质,从而发展学生的综合职业能力。

为对您的教学有所帮助,在教学实施过程中,有如下建议:

1. 教师作用与有效教学

本课程的实施有以下要求,在教学组织与实施方面,需要您去组建教学团队,构建和改善教学环境,以实现工作过程系统化的教学;在指导学生的学习时,请您尽量改善学生的学习环境,为学生提供学习资源,充分调动学生学习的主动性,让学生在小组合作与交流的氛围中,尽可能通过亲自实践来学习,并加强学习过程的质量控制。您的耐心指导和有效的管理将使同学的学习更加有效。

2. 学习目标与学业评价

学习目标反映学生完成学习任务后预期达到的能力和水平,含专业能力与关键能力,既有针对本学习任务的过程和结果的质量要求,也有对今后完成任务类似工作任务的要求。每个学习目标都要落实到具体的教学活动中,对学生的学业评价要在学习过程中体现,您可以通过学生的自评、小组同学的互评及您的检查与评价来实现对学生学业的综合评价。

3. 学习内容与活动设计

本课程的学习内容是一体化的学习任务。在教学时,教师可以根据当前的实际情况自行设计或者从企业引进一个真实的工程图纸作为教学的载体。重要的是要建立任务完成与知识学习之间的内在联系,将完成工作任务的整个过程分解为一系列可以让学生独立学习和工作的相对完整的教学活动,这些活动可以依据实际教学情况来设计。在实施时,要充分相信学生并发挥学生的主体作用,与他们共同进行活动过程的质量控制。

① 侯东君.砌体工程施工工作页[M].厦门:厦门大学出版社,2010.

4. 教学方法与组织形式

本课程倡导行动导向的教学，通过问题的引导，促进学生进行主动的思考和学习。请您根据学习情境所需的工作要求，组建学生学习小组。学生在合作中共同完成工作任务。分组时请注意兼顾学生的学习能力、性格和态度等个体差异，以自愿为原则。

5. 其他建议

本活页式教材的教学须在工学结合一体化的真实环境或仿真环境里完成。建议您在教学过程中，加强对教学环境的管理，强调必须按照操作规程安全文明施工，做好安全与健康防范预案。

预祝这套活页式教材使您的教学更为有效！

4.2.5 学习情境设计

内容结构：一般用表格或图的形式列出教材的全部学习情境，表示学习与工作内容的要点，列举主要内容及反应内容之间的相互关系。当工作活页中的操作成分较多时，建议采用流程图的表达方式，反映完成任务的主要操作步骤及步骤之间的相互关系。一个学习领域课程中的若干课业，可以用内容结构图表达其相互之间的关系。

学习情境设计体例建议1如下[1]：

序号	学习任务	载　体	学习任务简介	学时
1	砌体结构施工放样	某砌体工程	依据施工图纸及工程资料，对砌体结构施工图进行识读；利用已设置的平面控制网中控制点，运用施工测量仪器进行砌体结构基础的放样、墙体轴线的投测及各部位标高控制等	6
2	砌体基础施工	某砌体工程	依据已经定位的基础轴线，开挖好的基础基坑及基础平面布置图和基础详图，准备好砌筑砌体基础的材料，制定砌体基础施工方案，进而完成砌体工程的基础砌筑、质量检验等施工工作	6
3	脚手架施工	某砌体工程	依据工程情况制定脚手架施工方案，进而完成脚手架工程的选用、设计、搭设、拆除、质量控制、安全管理等施工工作	9
4	砌筑施工	某砌体工程	依据工程情况制定砌筑工程主体结构施工方案，进而完成墙体砌筑、构造柱、圈梁的施工及质量验收等施工工作	15
5	主体竣工验收	某砌体工程	依据工程情况制定主体竣工验收方案，按照质量验收规范对砌体工程主体结构施工质量及子分部工程施工质量进行验收，并对出现的质量问题进行处理	6

① 侯东君.砌体工程施工工作页[M].厦门：厦门大学出版社，2010.

学习情境设计体例建议 2 如下：

砌筑工学习情境设计

序列	学习情境	学习任务简介	学时
1	实心砖墙砌筑	通过本项目的学习学会 L 型(一顺一丁、三顺一丁、梅花丁)实心砖墙的砌筑	4
2	构造柱旁墙体砌筑	通过本项目学习学会构造柱与墙体之间如何砌筑马牙槎	4
3	砌块墙砌筑	了解混凝土小型砌块常见的规格尺寸,掌握其砌筑方法	4
4	框架填充墙砌筑	了解框架填充墙的一般规定,能砌完一简单填充墙	4
5	斜槎砌筑	掌握留槎的原因、要求,能正确进行斜槎、直槎的砌筑并进行质量检查	6
6	直槎砌筑		
7	门窗洞口的砌筑	1. 了解门窗的材质及类型 2. 掌握门窗洞口的砌筑方法及技巧 3. 能对门窗洞口的砌筑质量进行检查	4
8	砖过梁的砌筑	1. 了解过梁的相关概念 2. 掌握砖过梁的砌筑方法及技巧 3. 能对砖过梁的质量进行正确的检查与评价	4
9	空心砖墙的砌筑	1. 了解空心砖及空心砖墙的概念 2. 掌握空心砖墙的砌筑工艺及流程 3. 掌握空心砖墙砌筑质量的检查及评定	4

4.2.6 学业评价

学业评价主要用于教师对学生每个学习任务完成情况进行评价,可以采用表格的形式进行设计,并标明每一个学习任务在全部课程中的权重等：

学业评价体例建议如下：

学号	姓名	学习情境一		学习情境二		学习情境三		学习情境四		学习情境五		总评
		分值	比例(10%)	分值	比例(25%)	分值	比例(25%)	分值	比例(25%)	分值	比例(15%)	

4.3 学习任务活页部分体例

学习任务活页，就是对每一个学习任务的学习情境进行具体描述，主要包括每个任务的学习情境描述、学习目标、工作与学习内容、任务书、分组任务、工作准备、工作计划、工作实施、质量验收、评价反馈等，这部分是活页式教材的主体。其构成建议如图4-2所示。

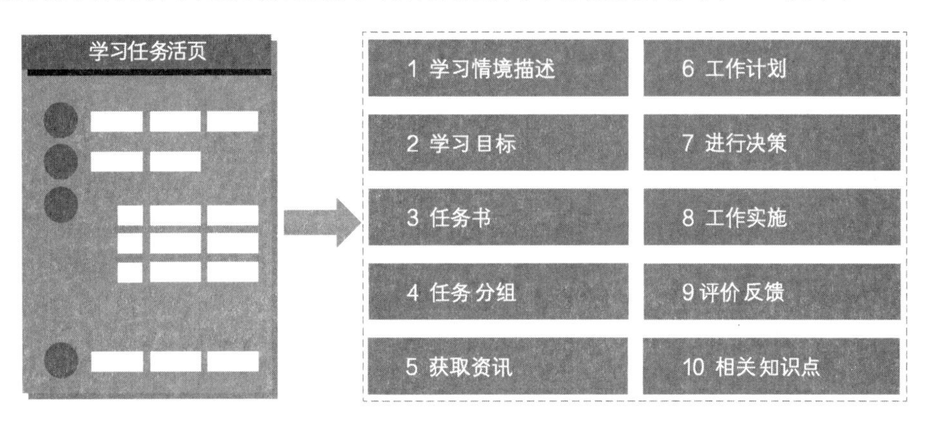

图4-2 学习任务活页体例构成

活页正文由任务书（学习任务描述）、工作准备（学习准备）、引导问题、工作计划、工作实施、评价反馈等。并有引导问题贯穿全文，也可以将这些引导问题在学习准备栏目之后全部列出，提出学习的目标。同时还可以在活页式教材中设置一些小栏目，如学习拓展、小提示等。

工作活页就是主教材，是学生学习典型职业任务的主要载体。通过完成职业工作任务进行实践与理论知识的学习，既要学习技能，又要学习工作过程的知识和联系紧密的学科性知识，同时还要学习工作的方法，达到工作的要求。

在活页式教材开发中应为每一个栏目配备一个对应的图标，如图4-3所示。

图4-3 活页式教材的栏目与对应的图标示例

4.3.1 学习情景描述

典型工作任务的学习情境描述要能体现工作过程的各项要素，并反映这些要素之间的相互联系；要具有结构完整的工作过程，要让学生能够借此获得工作过程知识，而不仅仅是理论知识或者操作技能。每个典型工作任务的学习情境要承担一个职业的一项独立的功能，在整个职业中具有重要的意义和作用，反映该职业典型的工作形式，每个学习情境之间要有联系和很强的关联性，要具备完整工作的系统性。

按照本书“3.3 学习情境设计”和“3.4 学习任务开发”内容进行归纳。

具体的学习情景描述体例建议 1 如下：

> 本学习情境要求测设建筑物各轴线的交点位置，并设置交点中心桩和控制桩或龙门板，作为基础施工测量的依据；进行墙体轴线的投测，及墙体各部位标高的控制。

学习情景描述体例建议 2 如下：

> 按照《房屋建筑制图统一标准（GB/T50000—2011）》、《建筑制图标准（GB/T50001—2010）》、《建筑结构制图标准（GB/T50105—2010）》中有关建筑工程施工图部分知识对图 4－4 所示宿舍楼建筑总平面图、平面图、立面图、剖面图、详图及宿舍楼建筑施工图进行识读，掌握建筑平面图、建筑立面图、建筑剖面图的作用、图示内容及画法与识读方法。
>
> 
>
> 图 4－4　某宿舍楼建筑效果图

4.3.2 学习目标

活页式教材每个学习任务的目标和内容总和应涵盖本课程的学习目标和内容。按照本书“3.4.3 学习目标的确定”内容进行制定，学习目标体例建议 1 如下[①]：

> 通过本学习情境的学习，在符合《工程测量规范》的要求下，你应该能够：
> 1. 正确识读施工图；
> 2. 熟练应用施工测量仪器；
> 3. 在老师指导下，小组成员协作进行楼层平面定位轴线的施工定位；
> 4. 在老师指导下，小组成员协作进行基础施工测量；
> 5. 在老师指导下，小组成员协作进行墙体轴线的投测及各部位标高控制；
> 6. 各小组进行技术复核，做好测量误差控制。

学习目标体例建议 2 如下：

> 通过本学习任务的学习，学生应该能够：
> 1. 通过不同途径获取产品的最新资讯，识别不同型号的产品具体参数；
> 2. 在教师的指导下查阅相关资料，制定出计算机组装的方案和标准流程；
> 3. 制定各种装机方案，根据已确定的装机方案，列出装机清单；
> 4. 独立完成计算机硬件组装，能按照计算机组装的流程，在教师的指导下，正确组装计算机并进行 BIOS 设置；
> 5. 在老师的帮助下，完成操作系统和应用软件的安装；
> 6. 完成计算机的软硬件组装后，检验计算机能否正常开机运行，并填写验收单。

4.3.3 任务书

任务书（学习任务描述）：简要描述学习任务。

任务书体例建议 1 如下：

> 以砌体结构一个楼层的施工放样为工作任务，施工图纸由教师按开课时间根据具体项目确定。

① 侯东君.砌体工程施工工作页[M].厦门：厦门大学出版社，2010.

任务书体例建议 2 如下：

电脑城某公司的部门主管接待一个客户，客户要求组装一台家用电脑，具体要求能满足日常办公需求、进行图片处理、运行市面上流行的单机游戏和网络游戏。现主管将该任务交给你，要求在当天完成任务。你从主管接收到计算机组装任务，根据公司的规定，向客户了解其对计算机的功能需求，提出合理化建议。在双方确认的情况下，拟定好装机方案，并征得客户同意后，采购装机所需配件，对计算机进行组装。根据客户的要求，安装相应的操作系统和应用软件，客户验收后，交付使用，并填写相关单据（如：保修单、发票等）。

4.3.4 分组任务

分组任务：将学生按特定数量分组，明确每组的工作任务，并填写分组任务表，每组任务可以一样也可以有差异性，视任务大小而定。

分组任务体例建议如下：

将学生按 4—6 人每组分组，明确每组的工作任务，并填写表 4－1。

表 4－1 学生分组表

组别	工作任务 砌体结构一个楼层的施工放样（施工测量）
1	
2	
3	
4	
5	
6	

4.3.5 工作准备

工作准备（学习准备）：明确工作任务，获取完成工作任务所需要的概括性信息，包括理论知识、通用或专用工具、安全要求和注意事项等，均是为计划与实施做准备。

学习准备反映的是为计划与实施所做的最必需的准备，即知道计划是干什么内容，但还不具有足够做计划的知识或技能，相对来说是指完成任务的外围或概括性的知识和设备条件。在学习准备结束时，用引导文的方式将计划与实施过程中需要学习的重要知识或技能列举出来，以便引起学习者的注意。

要求重点描述应搜集的、与完成项目任务相关的资讯信息，为顺利完成工作任务做好充分的知识准备。包括：理论准备、技能准备、专用工具使用、工作注意事项等相关内容。

（1）知识准备：理论储备、技能准备、任务描述等（可以编写填空题、问答题）；

（2）实践要点：面向项目（子项目）的工作任务、工作重点、工作难点、关键技能、操作要点等；

（3）素质要求：实践操作中的规范操作注意事项和、现场 6s 管理、团队协作等（可以编写填空题、问答题）。

工作准备体例建议 1 如下：

1. 阅读工作任务书，识读施工图纸，进行图纸会审和技术交底，并填写质量技术交底记录；
2. 收集《施工手册》中有关施工质量测量的部分知识及国家标准《工程测量规范》；
3. 结合任务书分析施工测量中的难点和常见质量问题。

工作准备体例建议 2 如下：

1. 阅读工作任务书，识读施工图纸，进行图纸会审和技术交底，并填写质量技术交底记录；
2. 收集《房屋建筑制图统一标准（GB/T50000—2011）》《建筑制图标准（GB/T50001—2010）》、《建筑结构制图标准（GB/T50105—2010）》中有关建筑工程施工图部分知识；
3. 结合任务书分析建筑工程施工图识读中的难点和常见问题。

4.3.6 引导问题

引导问题：提出学习问题，引导学生有目标地在学习资源中查找到所需的专业知识，独立思考并解决专业问题。引导问题是活页式教材开发的关键内容，它的设计，要依据学习任务的不同类型和学习目标的总体要求，从职业院校教学资源与学生的实际出发，并注意设计的方法和技巧，以更好地传递工作所需知识。

引导问题在形式上与传统的测试考题相似，但功能却有很大不同。传统的测试考题侧重考核学习者对学科系统化知识的掌握情况，而引导问题的主要作用则是引导学习者从信息源中找到所需的专业知识，学习专业技能，解决专业问题。引导问题可以采用文字、图表、信息、视频等多种呈现方式，它的设计，需要考虑学习任务的特点、学习目标的达成、学生的实际、院校的教学资源和引导问题自身的设计技巧等多方面因素，详见“2.6 引导问题”一节内容。

引导问题体例建议如下：

引导问题 1：建筑施工图识图与审图的步骤是什么？

____

____

____

引导问题 2：建筑施工图首页一般由__________、__________、__________、__________组成。

引导问题 3：混凝土的组成有哪些？

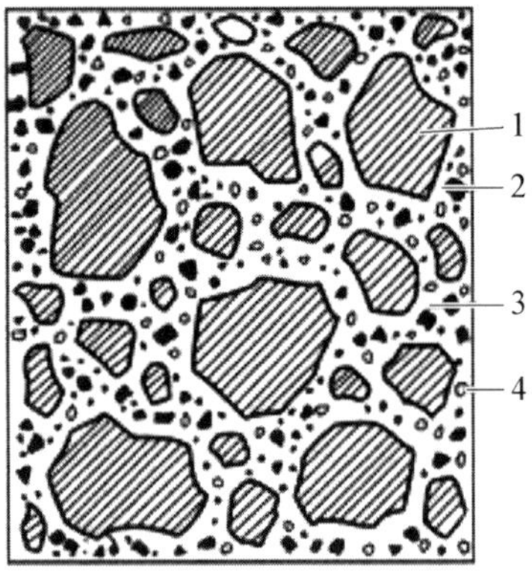

____

____

____

____

____

____

____

1
2
3
4

引导问题 4：请按照图 4－5 所示，画出 L 型实心砖墙的摆放(一顺一丁)图。

____

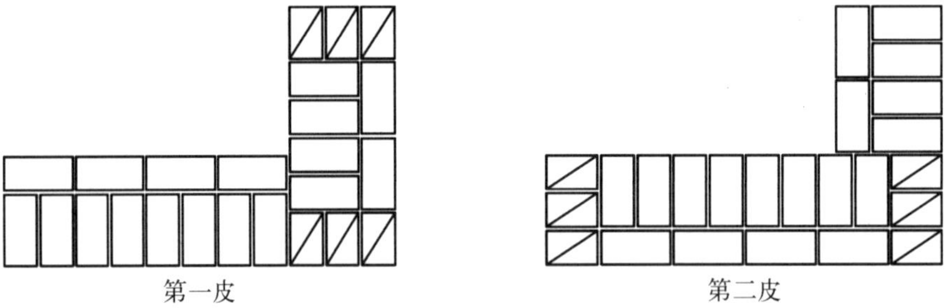

第一皮

第二皮

图 4－5 “三七”墙砌法(基础)

4.3.7 工作计划与实施

计划与实施：学习制定工作计划，实施并进行质量控制，在行动中学习与完成任务联系紧密的工作过程知识（包括必要的学科性知识）和技能。

计划与实施是在引导性学习问题的帮助下，师生在行动过程中首先学习与任务最紧密的工作过程知识，其次是学科性的知识和完成任务的技能知识，此时呈现的是完成任务时所需要的具体知识技能的内容。

根据学习目标，通过设计完成图表、填空题、问答题等方式引导学生学会制定工作方案（工作计划）、组织实施以及做好实施过程记录等。

(1) 要求学生写出完成工作任务（解决具体问题）的思路和工作步骤，着力培养学生分析问题—解决问题的能力，培养学生严谨的工作作风。

(2) 确定完成工作任务所需要准备的工具设备、掌握专用工具的正确用法；同时，根据实际任务的需求情况，可对小组成员进行合理分工并做记录。

(3) 通过画流程图、设计完成表格、填空题、问答题等多种方式引导学生制定完成工作任务的具体实施步骤。可以设计相关图表、填空，提问等形式让学生记录实施操作过程中的关键信息与数据。

工作计划与实施体例建议如下：

每个学生提出自己的计划和方案，经小组讨论比较，得出2—3个方案；教师审查每个小组的施工放样方案，工作计划并提出整改建议；各小组进一步优化方案，确定最终的工作方案。

各小组将指定的工作计划及施工放样方案填入下表。

表4-2 材料计划表

材料名称	规　格	单　位	数　量	备　注

表 4-3 工具计划表

工具名称	规 格	单 位	数 量	备 注

表 4-4 劳动力计划表

人员姓名	工作任务	备 注

4.3.8 评价反馈

评价反馈：对学习过程和结果的质量进行评价和总结，包含专业能力和关键能力，讨论今后完成类似工作任务时的注意事项与改善意见。评价反馈部分在活页设计时请单独放一页，以便从活页式教材中取出评价表进行评价反馈，填写后也便于单独提交与留存。

1. 总结反思

设计评价指标及分值，采取学生自评、小组互评和教师评价等形式，总结反思工作任务完成情况。

2. 自我测评

可通过设计考核表格、问题等方式，进行小组互评、组内点评、个人自评等，并记录其结果。

让学生自我分析、评价完成任务过程中的成功和不足之处，进一步深化认识，加深对专业知识的理解；也可记录学生完成任务后有什么心得体会和展示方式。

3. 教师点评

教师对学生完成任务情况的点评，例如：所要求的知识点理解掌握了没有，还有那些没有掌握的，有哪些可以再提升的方面等等。

评价反馈体例建议如下[①]：

每个学生完成学习情境的成绩评定将按学生自评、小组互评、老师评价三阶段进行，并按自评占20%，小组互评占30%，教师评价占50%作为每个学生综合评价结果。

1. 学生进行自我评价，并将结果填入表4－5《学生自评表》中。

表4－5 学生自评表

班级：________ 姓名：________ 学号：________

学习情境1	砌体结构施工放样		
评价项目	评 价 标 准	分值	得分
测量仪器的使用	能独立、正确使用测量仪器及进行数据清理	10	
外墙主轴线焦点的测设	能进行外墙主轴线交点的测设、并做好标记	10	
各轴线交点的测设	能按图纸进行各轴线交点的测设，并做好标记	10	
轴线控制桩和龙门板	能按照要求设置轴线控制桩和龙门板，做好标记	10	
基础施工测量	能按图纸进行基槽开挖边线放线、基础施工测量	10	
墙体施工测量	能按图纸进行墙体轴线的投测、各部位标高控制	10	
工作态度	态度端正，无无故缺勤、迟到、早退现象	10	
工作质量	能按图纸施工，按计划完成工作任务	10	
协调能力	与小组成员、同学之间能合作交流，协调工作	5	
职业素质	能做到安全生产，文明施工，保护环境，爱护公共设施	10	
创新意识	竖向测量、沉降测量有创新点	5	
合 计		100	

2. 学生以小组为单位，对施工放样及沉降观测的过程与结果进行互评，将互评结果填入表4－6《学生互评表》中。

① 侯东君.砌体工程施工工作页[M].厦门：厦门大学出版社，2010.

表 4－6　学生互评表

学习情境 1		砌体结构施工放样													
评价项目	分值	等　　级								评价对象（组别）					
										1	2	3	4	5	6
计划合理	8	优	8	良	7	中	6	差	4						
放样方案	8	优	8	良	7	中	6	差	4						
团队合作	8	优	8	良	7	中	6	差	4						
组织有序	8	优	8	良	7	中	6	差	4						
工作质量	8	优	8	良	7	中	6	差	4						
工作效率	8	优	8	良	7	中	6	差	4						
工作完整	10	优	8	良	7	中	6	差	4						
工作规范	16	优	8	良	7	中	6	差	4						
按图放样	16	优	8	良	7	中	6	差	4						
成果展示	10	优	8	良	7	中	6	差	4						
合　计	100														

3. 教师对学生工作过程与工作结果进行评价，并将评价结果填入表 4－7《教师综合评价表》中。

表 4－7　教师综合评价表

班级：________　　姓名：________　　学号：________

学习情境 1		砌体结构施工放样		
评 价 项 目		评　价　标　准	分值	得分
考勤（10%）		无无故迟到、早退、旷课现象	10	
工作过程（60%）	测量仪器的使用	能独立、正确使用测量仪器及进行数据整理	5	
	外墙主轴线交点的测设	能进行外墙主轴线交点的测设、并做好标记	5	
	各轴线交点的测设	能按图纸进行各轴线交点的测设，并做好标记	5	
	轴线控制桩和龙门板	能按照要求设置轴线控制桩和龙门板，做好标记	10	
	基础施工测量	能按图纸进行基槽开挖边线放线、基础施工测量	10	
	墙体施工测量	能按图纸进行墙体轴线的投测、各部位标高控制	10	
	工作态度	态度端正、工作认真、主动	5	
	协调能力	与小组成员、同学之间能合作交流，协调工作	5	
	职业素质	能做到安全生产，文明施工，保护环境，爱护公共设施	5	

（续表）

<table>
<tr><td colspan="2">学习情境1</td><td colspan="5">砌体结构施工放样</td></tr>
<tr><td colspan="2">评价项目</td><td colspan="3">评 价 标 准</td><td>分值</td><td>得分</td></tr>
<tr><td rowspan="4">项目成果（30%）</td><td>工作完整</td><td colspan="3">能按时完成任务</td><td>5</td><td></td></tr>
<tr><td>工作规范</td><td colspan="3">能按规范要求施工</td><td>10</td><td></td></tr>
<tr><td>按图放样</td><td colspan="3">能正确识读图纸并按照图纸放样</td><td>10</td><td></td></tr>
<tr><td>成果展示</td><td colspan="3">能准确表达、汇报工作成果</td><td>5</td><td></td></tr>
<tr><td colspan="5">合 计</td><td>100</td><td></td></tr>
<tr><td colspan="2" rowspan="2">综合评价</td><td>自评（20%）</td><td>小组互评（30%）</td><td>教师评价（50%）</td><td colspan="2">综合得分</td></tr>
<tr><td></td><td></td><td></td><td colspan="2"></td></tr>
</table>

4.3.9 学习任务相关知识点

学习任务相关知识点：列出完成该任务所必需的知识介绍。活页式教材兼有“活页”和“教材”两种属性，其中“教材”属性主要通过学习任务相关知识点进行体现。这一部分可以单独出现在每一个“引导问题”后面，也可以放在每个学习任务最后进行整体介绍，但必不可少，是区分传统工作页和活页式教材的重要标准，一般这部分建议占全部教材内容的20%—25%。也可以叫做“学习拓展”或“学习提示”。

在活页式教材编写过程中，这部分内容必不可少，是活页式教材“教材”属性的必要体现。知识点内容如果篇幅较长建议放在每个项目结束后，如果知识点内容篇幅较小，可以放在每个引导问题后面以“小提示”的栏目列出，这些也是区别传统学科式教材的典型特征。

第五章 活页式教材的教学应用

活页式教材在教学实施中应采用行动导向教学,以学生为中心,通过有效的教学设计与实施,将综合职业能力培养落到实处。本章主要介绍活页式教材教学实施应遵循的原则,以及活页式教材教学实施要求。

5.1 活页式教材教学实施原则

活页式教材的教学实施是培养学生能够像实践专家一样进行思考、处理问题,完成任务的过程。活页式教材教师实施应遵循如下原则(如图5-1所示):活页式教材应以培养综合职业能力为目标、活页式教材应以学生为中心进行教学综合设计与实施、活页式教材应让学生做中学、活页式教材应让学生经历完整工作过程。同时还应让学生在协作参与中学习,让学生在表达与反思中学习,为学生的学习搭设"脚手架",提供有效的学习支持。

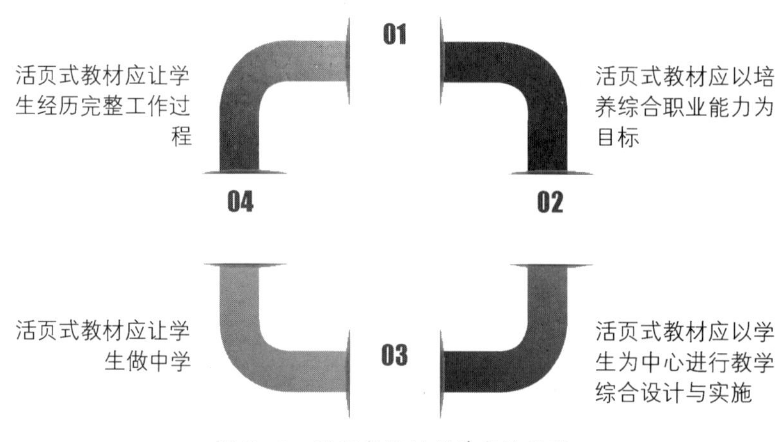

图5-1 活页式教材教学实施原则

5.1.1 活页式教材应以培养综合职业能力为目标

活页式教材教学实施的出发点应该是如何有效培养学生胜任工作所需的综合职业能力,简单讲就是做事的能力。由此出发选择恰当的情景和任务,通过完成任务的过程实现。活页式教材教学实施不是以知识传授为目标,教师不能考虑应传授哪些知识及如何传授知识,由此形成的直接讲授式教学缺少促进职业能力提升的工作任务,使学生胜任工作的综合职业能力不能得到有效培养。活页式教材教学实施应基于源自实际工作任务的学习任务展开,通过完成活页教材上的任务培养学生的综合职业能力。

5.1.2 活页式教材应以学生为中心进行教学综合设计与实施

学生的能力只有通过亲自完成任务才能得到有效提高,不能仅仅凭借听取讲授、观看演示来实现。因此,在教学过程中,不能由教师充当教学过程的"主角",甚至是教师唱独角戏,而学生处于"观众"角色。要使学生的能力得到有效培养,就应该让学生成为教学过程的"主角",并且对要完成的任务有清晰地蓝图、明确的计划、亲身经历完整工作过程、按时保质完成;教师则成为学生学习的帮助者,为学生完成任务的过程提供必要的引导和帮助。因此活页式教材应以学生为中心进行教学方案的设计与实施。

活页式教材教学实施以学生为主体,学生有明确的目标,处于积极、主动的状态。教师通过活页式教材创设情境布置任务,基于学生完成任务的过程展开教学,教师关注如何布置学习环境、开发相应的学习资料、建设必要的学习资源,考虑怎样让学生了解实际工作要求、怎样引导学生更好地完成任务、怎样使学生理解所讲内容并有效应用、怎样给学生提供辅导,使学生在完成活页教材上的任务的过程中,养成职业能力。

5.1.3 活页式教材应让学生做中学

活页式教材教学实施应创设情境、设置任务,确保学习者通过完成发展性的任务,有效提升能力。能力的提高与应用能力的情境密不可分,能力培养应在应用能力的情境中进行,通过让学生完成任务来实现,这是职业能力发展的基本规律。因此有效提升学生职业能力的学习方式不再是以获取知识为主要目标的"讲中学",而应该是在完成任务的情境中"做中学"。

5.1.4 活页式教材应让学生经历完整工作过程

完整工作过程是对完成一项任务的工作过程的系统描述,要想培养学生系统工作和处理问题的能力,必须重视工作过程阶段的完整性。以直接讲授为主的传统教学正是因为仅仅涉及或重视了其中的个别环节,在教学过程中常常被简化为学生被动地接受理论知识,而忽略了诸如计划和检查这些关键的环节,使其中蕴含的能力培养缺失,无法有效培养系统工作和处理问题的能力。

通过活页式教材使学生体验完整工作过程对于学生综合职业能力的培养至关重要。在教学实施时,还需考虑学习任务的层次,因为不同层次的学习任务会影响学生经历工作过程的完整性。封闭性任务答案具有唯一性,与开放性任务和设计导向性任务相比,对制定计划、作出决策等阶段的要求相对较低。

5.2 活页式教材教学实施要求

活页式教材的目标是促进学生综合职业能力的发展,所涉及的学习任务是针对某一职业的典型工作任务的综合性任务。同时活页式教材的教学实施对教师的教学组织提出了更高的要求,增加了教师的教学强度,加大了课堂管理的难度,在教学实施时应考虑的具体要点如下:

1. 教师作用与有效教学

在教学组织与实施方面,需要教师组建教学团队,构建和改善教学环境,促进工作过程系统化的教学推进;在指导学习过程中,尽量改善学生学习环境,提供更多的学习资源,充分调动学生的主动性,发挥学生团队的作用,加强质量控制。

2. 学习目标和学业评价

每个学习目标都要在具体的学习过程中体现,在具体的学习活动中落实,通过学生自评、小组互评及教师检查与评价来实现学生的学业评价。

3. 学习内容和活动设计

在教学时,建立任务完成与知识学习之间的内在联系,将完成工作任务的整个过程分解为一系列可以让学生独立学习和操作的相对完整的教学活动。在实施时,充分相信和发挥学生的作用,共同完成活动过程的质量控制。

4. 教学方法和组织形式

采用行动导向教学,通过学习引导问题,促使学生进行主动的思考和学习。根据学习任务所需,组建学习小组,让学生在合作中共同学习完成工作任务。分组时注意兼顾学生的学习能力、性格、态度等差异。

5. 学习资源与教学环境

建议配备理论实践一体化的学习工作站、与真实工作场景接近的场地、仓库保管室等教学环境,加强工作规程、工作安全与健康保护等预防措施,合理处理废弃物并培养学生的环保意识。

活页式教材是一次“教学创新”,基于活页式教材的职业教育教学,使教学理念、教学内容、教学组织形式等都发生了根本性变化。教师在使用活页式教材进行教学时,必须转变教学理念,在教学组织实施过程中需要进行创造性的工作,从而提升教学效果。

第六章 活页式教材开发样例

样例 1:《建筑施工图识读》

样例 2:《实心砖墙砌筑施工》

样例 3:《混凝土配合比设计》

样例 4:《手动正转控制线路的安装与检修》

样例 5:《台式机电脑组装》

样例 6:《台阶轴零件的数控车加工》

6.1 《建筑施工图识读》活页式教材开发样例

学习情境 建筑施工图识读

学习情境描述

按照《房屋建筑制图统一标准(GB/T50000—2011)》、《建筑制图标准(GB/T50001—2010)》、《建筑结构制图标准(GB/T50105—2010)》中有关建筑工程施工图部分知识对图6-1-1所示宿舍楼建筑总平面图、平面图、立面图、剖面图、详图进行识读，掌握建筑平面图、建筑立面图、建筑剖面图的作用、图示内容及画法与识读方法。

图6-1-1 某宿舍楼建筑效果图

学习目标

1）能按照建筑施工图的常用分类对教师提供图纸进行归类。

2）能说出施工图首页的构成及作用。

3）能独立说出建筑总平面图的图示内容及作用。

4）能正确识读建筑平面图、建筑立面图、建筑剖面图，能够对照图示内容完成读图报告。

5）能够识读建筑详图，并完成识读报告。

 任务书

对宿舍楼建筑总平面图、平面图、立面图、剖面图、详图进行识图、审图，再进行图纸会审工作。

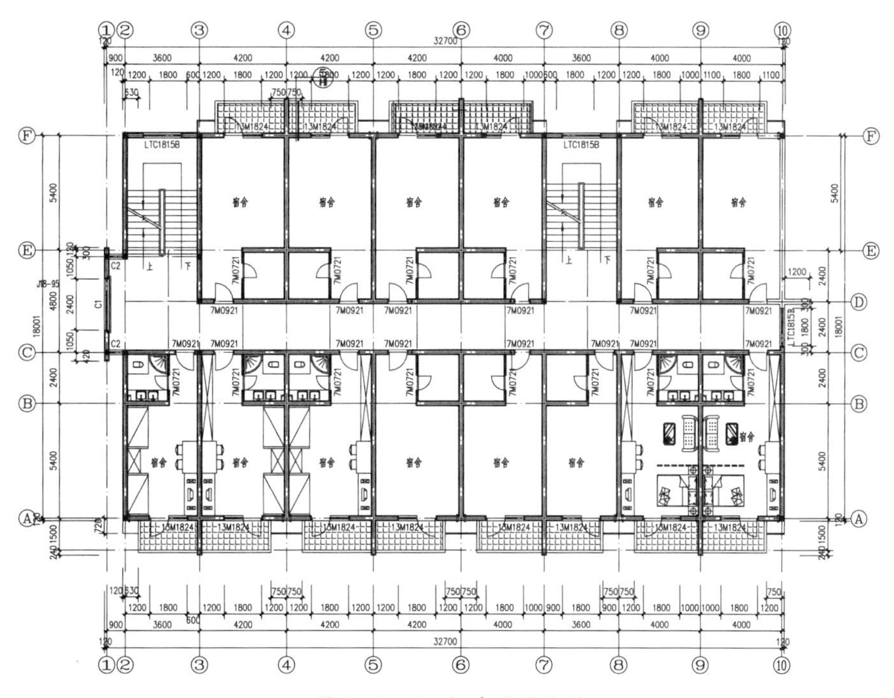

图 6-1-2　标准层平面图

 任务分组

表 6-1-1　学生任务分配表

班级		组号		指导老师	
组长		学号			
组员	姓名	学号	姓名	学号	
任务分工					

学习领域编号-页码	学习情境　建筑施工图识读		 页码：3
姓名	班级	日期	

工作准备

1）阅读工作任务书，识读施工图纸，进行图纸会审和技术交底，并填写质量技术交底记录。

2）收集《房屋建筑制图统一标准（GB/T50000—2011）》、《建筑制图标准（GB/T50001—2010）》、《建筑结构制图标准（GB/T50105—2010）》中有关建筑工程施工图部分知识。

3）结合任务书分析建筑工程施工图识读中的难点和常见问题。

工作实施

（1）建筑施工图识读、审图的步骤

引导问题1：建筑施工图识图与审图的步骤是什么？

____

____

____

（2）建筑施工图识读内容

引导问题2：建筑施工图首页一般由__________、__________、__________、__________组成。

引导问题3：设计总说明主要说明工程的概况和总的要求。内容包括

____

____

____

引导问题4：构造做法表是以表格的形式对建筑物各部位__________ ______________________________的详细说明。

引导问题5：门窗表反映门窗的______________________________等相应内容，以备工程施工、结算所需。

引导问题6：图6-1-3是宿舍楼的底层建筑平面图，结合该图内容简述建筑底层平面图的图示内容包括哪些。

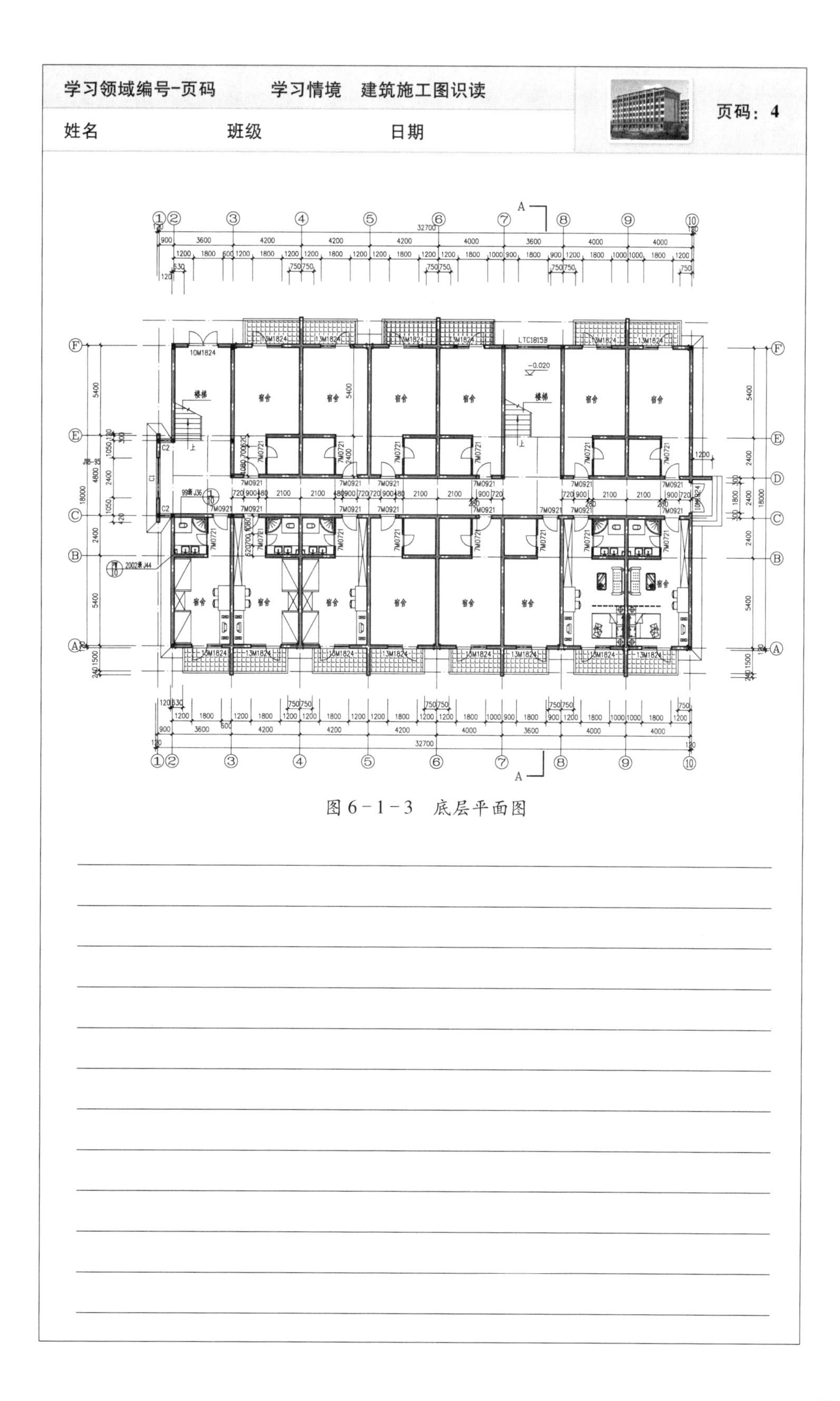
学习领域编号-页码
学习情境　建筑施工图识读
页码：4
姓名
班级
日期
楼梯
宿舍
10M1824
13M1824
LTC1815B
-0.020
7M0921
7M0721
32700

图 6-1-3　底层平面图

引导问题7：《房屋建筑制图统一标准(GB/T50000—2011)》规定：图样中的某一局部或构件，如需另见详图，应以索引符号索引。索引符号是由直径为________的圆和________组成，圆和水平直径均应以________线绘制。

引导问题8：如图6-1-4所示，写出每个索引符号的具体含义。

图6-1-4　详图索引符号

图6-1-4(a)：____

____

图6-1-4(b)：____

____

图6-1-4(c)：____

____

小提示

索引符号编写规定。

第一，索引出的详图，如与被索引的详图同在一张图纸上，应在索引符号的上半圆中用阿拉伯数字注明该详图的编号，并在下半圆中间画一段水平细实线。如图6-1-4(a)。

第二，索引出的详图，如与被索引的详图不同在一张图纸内，应在索引符号的上半圆中用阿拉伯数字注明该详图的编号，在索引符号的下半圆中用阿拉伯数字注明该详图所在图纸的编号。数字较多时，可加文字标注。如图6-1-4(b)。

第三，索引出的详图，如采用标准图，应在索引符号水平直径的延长线上加注该标准图册的编号。如图6-1-4(c)。

引导问题 9： 指北针常用来表示______________。指北针外圆直径______，采用________线绘制，指北针尾部宽度为________，指北针头部应注明______字。

引导问题 10： 图 6-1-5 是宿舍楼的标准层建筑平面图，结合该图内容简述建筑标准层平面图的图示内容包括哪些。

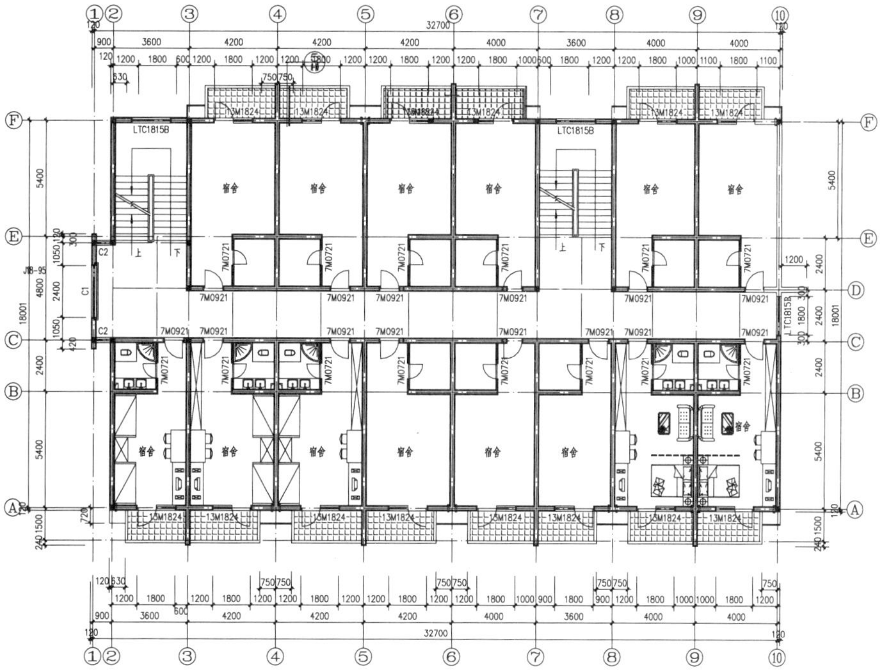

图 6-1-5 标准层平面图

引导问题 11：图 6-1-6 是宿舍楼的屋顶平面图，结合该图内容简述屋顶层平面图的图示内容包括哪些。

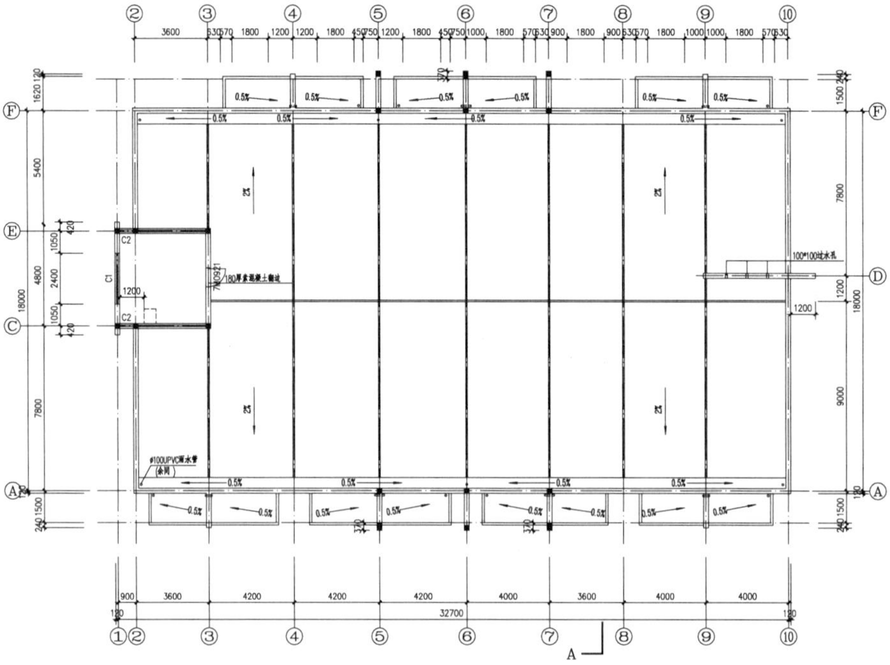

图 6-1-6 屋顶层平面图

(3) 建筑平面图的图例符号

引导问题 12：阅读建筑平面图应熟悉常用图例符号，图 6-1-7 是从《房屋建筑制图统一标准(GB/T50000—2011)》中摘录的部分图例符号，请在对应的图纸中找出并标识。

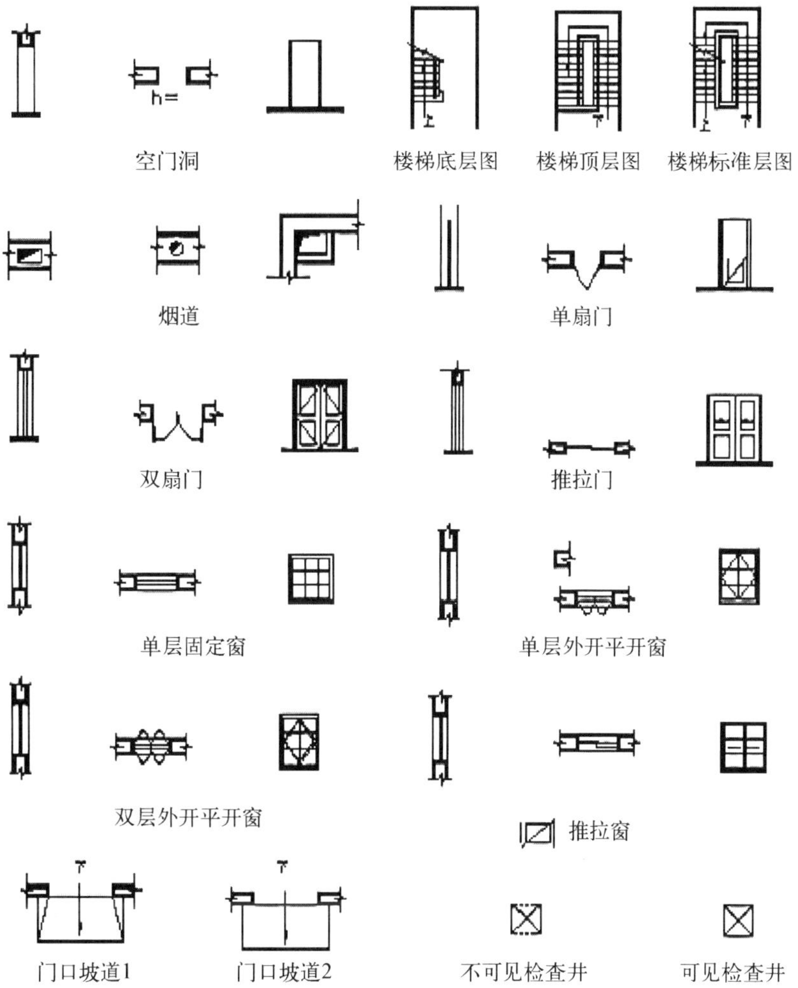

h=

空门洞　楼梯底层图　楼梯顶层图　楼梯标准层图

烟道　单扇门

双扇门　推拉门

单层固定窗　单层外开平开窗

双层外开平开窗　推拉窗

门口坡道1　门口坡道2　不可见检查井　可见检查井

图 6-1-7　建筑平面图常用图例符号

(4) 建筑立面图的识读

引导问题 13：简述建筑立面图的形成与作用。

____

____

____

____

____

____

____

小提示

建筑立面图的定义。

建筑立面图，简称立面图，它是在与房屋立面平行的投影面上所作的房屋正投影图。它主要反映房屋的长度、高度、层数等外貌和外墙装修构造。它的主要作用是确定门窗、檐口、雨篷、阳台等的形状和位置，及指导房屋外部装修施工和计算有关预算工程量。

引导问题 14：为使建筑立面图主次分明、图面美观，通常将建筑物不同部位采用粗细的线型来表示。

最外轮廓线采用____________________________线画；

室外地坪线采用____________________________线画；

所有突出部位如阳台、雨篷、线脚、门窗洞等采用____________________________线画；

其余部分采用____________________________线画。

引导问题 15：立面图的命名方式有几种？

____

____

____

小提示

立面图的三种命名方式。

第一，用房屋的朝向命名，如南立面图、北立面图等。

第二，根据主要出入口命名，如正立面图、背立面图、侧立面图。

第三，用立面图上首尾轴线命名，如①至⑧轴立面图和⑧至①立面图。

引导问题 16： 简要描述建筑立面图的图示内容。

______

______

______

______

______

小提示

建筑立面图的图示内容。

① 室外地坪线及房屋的勒脚、台阶、花池、门窗、雨篷、阳台、室外楼梯、墙、柱、檐口、屋顶、雨水管等内容。

② 尺寸标注。用标高标注出各主要部位的相对高度，如室外地坪、窗台、阳台、雨篷、女儿墙顶、屋顶水箱间及楼梯间屋顶等的标高。同时用尺寸标注的方法标注立面图上的细部尺寸，层高及总高。

③ 建筑物两端的定位轴线及其编号。

④ 外墙面装修。有的用文字说明，有的用详图索引符号表示。

(5) 建筑剖面图识读

引导问题 17： 简述建筑剖面图的形成与作用。

______

小提示

建筑剖面图的定义。

建筑剖面图，简称剖面图，它是假想用一铅垂剖切面将房屋剖切开后移去靠近观察者的部分，作出剩下部分的投影图。

剖面图用以表示房屋内部的结构或构造方式，如屋面（楼、地面）形式、分层情况、材料、做法、高度尺寸及各部位的联系等。它与平、立面图互相配合用于计算工程量，指导各层楼板和屋面施工、门窗安装和内部装修等。

剖面图的数量是根据房屋的复杂情况和施工实际需要决定的；剖切面的位置，要选择在房屋内部构造比较复杂，有代表性的部位，如门窗洞口和楼梯间等位置，并应通过门窗洞口。剖面图的图名符号应与底层平面图上剖切符号相对应。

引导问题 18： 简要描述建筑剖面图的图示内容。

小提示

建筑剖面图的图示内容。

① 必要的定位轴线及轴线编号。

② 剖切到的屋面、楼面、墙体、梁等的轮廓及材料做法。

③ 建筑物内部分层情况以及纵向、水平方向的分隔。

④ 即使没被剖切到，但在剖视方向可以看到的建筑物构配件。

⑤ 屋顶的形式及排水坡度。

⑥ 标高及必须标注的局部尺寸。

⑦ 必要的文字注释。

引导问题 19：对图 6－1－8 建筑剖面图进行识读，结合以下要点完成读图报告。

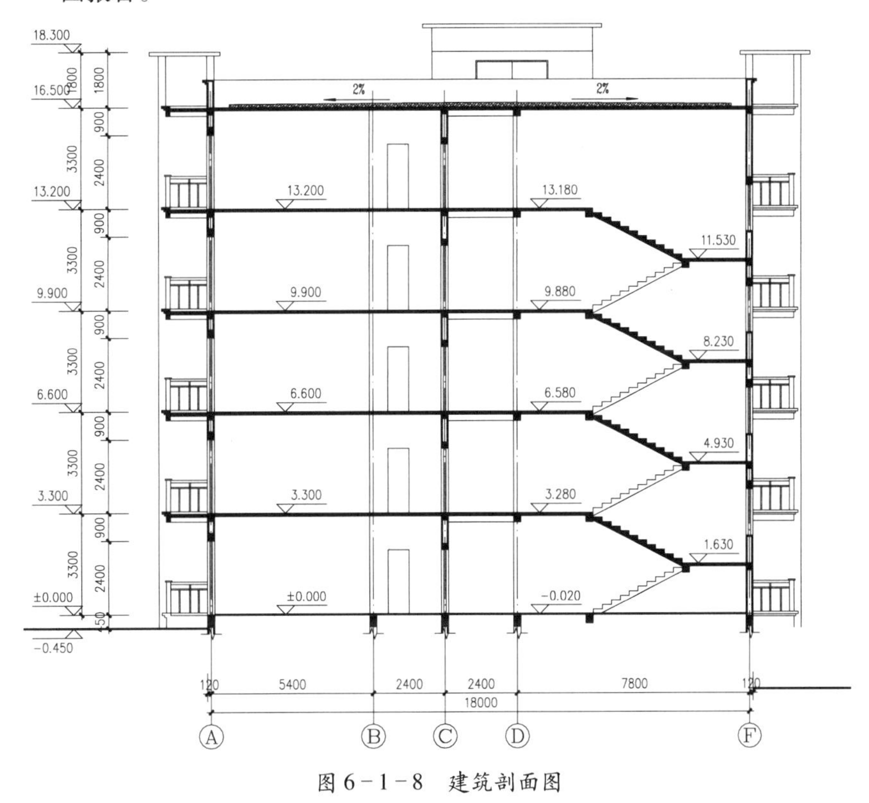

图 6－1－8　建筑剖面图

1）结合底层平面图阅读，了解对应剖面图与平面图的相互关系。

2）结合建筑设计说明或材料做法表，查阅地面、墙面、楼面、顶棚等的装修做法。

3）根据剖面图尺寸及标高，了解建筑层高、总高、层数及房屋室内外地面高差。

4）了解建筑构配件之间的搭接关系。

5）了解建筑屋面的构造及屋面坡度的形成。

6）了解墙体、梁等承重构件的竖向定位关系，如轴线是否偏离。

建筑剖面图读图报告：

（6）建筑外墙身详图识读

引导问题20：墙身详图也叫墙身大样图，实际上是建筑剖面图的有关部位的局部放大图。它主要表达了什么？

小提示

建筑外墙身详图的内涵。

墙身详图主要表达墙身与地面、楼面、屋面的构造连接情况以及檐口、门窗顶、窗台、勒脚、防潮层、散水、明沟的尺寸、材料、做法等构造情况，是砌墙、室内外装修、门窗安装、编制施工预算以及材料估算等的重要依据。有时在外墙详图上引出分层构造，注明楼地面、屋顶等的构造情况，而在建筑剖面图中则省略不标。

引导问题 21： 简要描述建筑外墙身详图的图示内容。

____

____

____

____

____

____

____

____

小提示

建筑外墙身详图图示内容。

① 墙身的定位轴线及编号，墙体的厚度、材料及其本身与轴线的关系。

② 勒脚、散水节点构造。主要反映墙身防潮做法、首层地面构造、室内外高差、散水做法、一层窗台标高等。

③ 标准层楼层节点构造。主要反映标准层梁、板等构件的位置及其与墙体的联系，构件表面抹灰、装饰等内容。

④ 檐口部位节点构造。主要反映檐口部位包括封檐构造（如女儿墙或挑檐）、圈梁、过梁、屋顶泛水构造、屋面保温、防水做法和屋面板等结构构件。

⑤ 图中的详图索引符号等。

引导问题 22：对图 6-1-9 建筑墙身节点详图进行识读，结合建筑外墙身详图的图示内容，完成读图报告。

墙身节点详图读图报告：

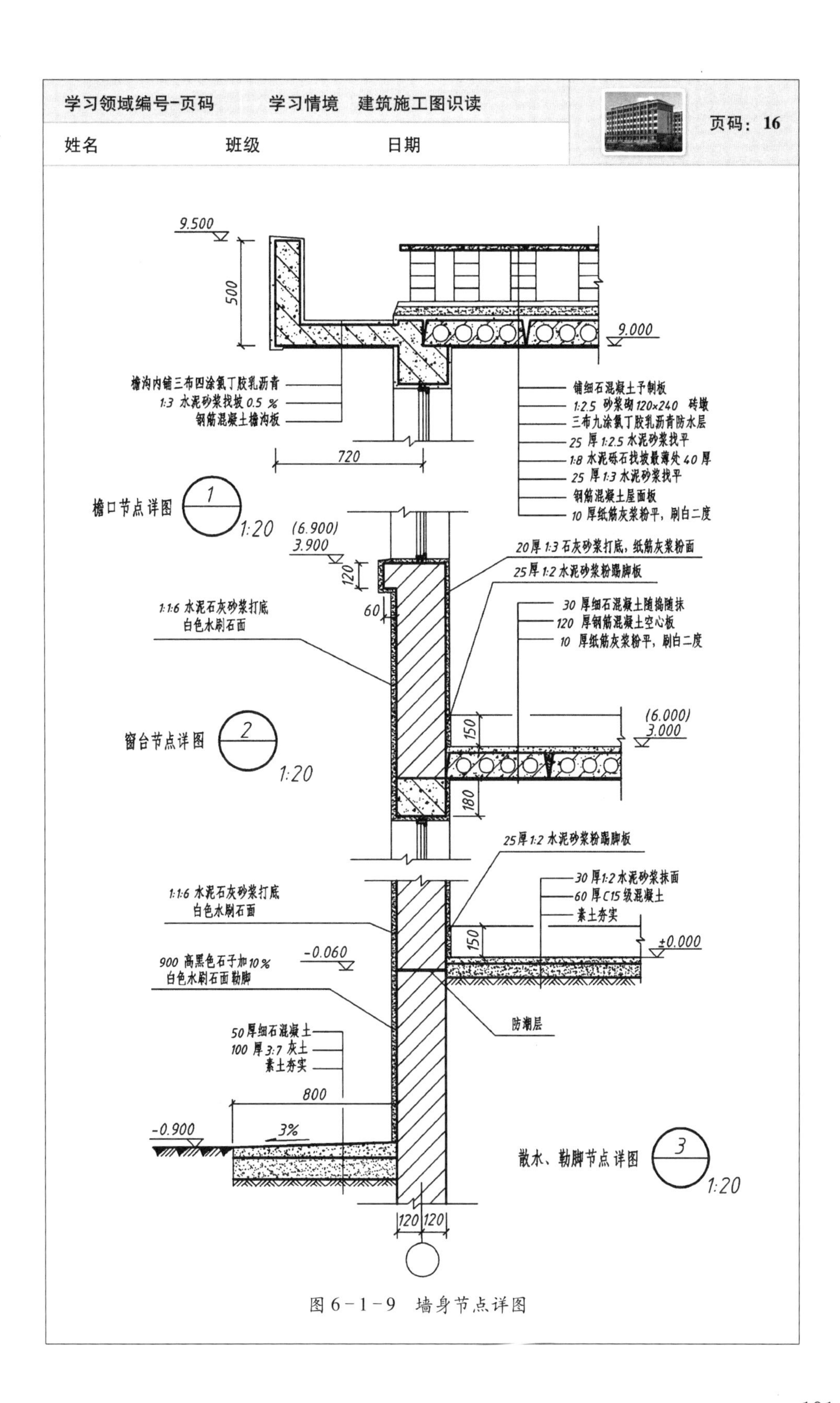
学习领域编号-页码
学习情境 建筑施工图识读
页码：16
姓名
班级
日期
9.500
500
9.000
檐沟内铺三布四涂氯丁胶乳沥青
1:3 水泥砂浆找坡 0.5 %
钢筋混凝土檐沟板
720
铺细石混凝土予制板
1:2.5 砂浆砌 120×240 砖墩
三布九涂氯丁胶乳沥青防水层
25 厚 1:2.5 水泥砂浆找平
1:8 水泥砾石找坡最薄处 40 厚
25 厚 1:3 水泥砂浆找平
钢筋混凝土屋面板
10 厚纸筋灰浆粉平，刷白二度
檐口节点详图
1
1:20
(6.900)
3.900
120
60
20厚 1:3 石灰砂浆打底，纸筋灰浆粉面
25厚 1:2 水泥砂浆粉踢脚板
1:1:6 水泥石灰砂浆打底
白色水刷石面
30 厚细石混凝土随捣随抹
120 厚钢筋混凝土空心板
10 厚纸筋灰浆粉平，刷白二度
150
(6.000)
3.000
窗台节点详图
2
1:20
180
25厚 1:2 水泥砂浆粉踢脚板
30 厚1:2 水泥砂浆抹面
60 厚C15 级混凝土
素土夯实
1:1:6 水泥石灰砂浆打底
白色水刷石面
150
±0.000
900 高黑色石子加 10 %
白色水刷石面 勒脚
-0.060
防潮层
50厚细石混凝土
100 厚 3:7 灰土
素土夯实
800
-0.900
3%
散水、勒脚节点详图
3
1:20
120
120

图 6-1-9 墙身节点详图

(7) 楼梯图识读

引导问题23：楼梯详图主要表示楼梯的________________，是楼梯施工放样的主要依据。楼梯是由____________、____________、____________、___________组成。楼梯的建筑详图一般有楼梯平面图、楼梯剖面图以及踏步和栏杆等节点详图。

引导问题24：楼梯平面图的构成要素有哪些？

____

____

____

小提示

楼梯平面图识读要点。

楼梯平面图实际上是在建筑平面图中楼梯间部分的局部放大图。楼梯平面图通常要分别画出底层楼梯平面图、顶层楼梯平面图及中间各层的楼梯平面图。如果中间各层的楼梯位置、楼梯数量、踏步数、梯段长度都完全相同时，可以只画一个中间层楼梯平面图，这种相同的中间层的楼梯平面图称为标准层楼梯平面图。在标准层楼梯平面图中的楼层地面和休息平台上应标注出各层楼面及平台面相应的标高，其次序应由下而上逐一注写。

楼梯平面图主要表明梯段的长度和宽度、上行或下行的方向、踏步数和踏面宽度、楼梯休息平台的宽度、栏杆扶手的位置以及其他一些平面形状。

楼梯平面图中，楼梯段被水平剖切后，其剖切线是水平线，而各级踏步也是水平线，为了避免混淆，剖切处规定画45°折断符号，首层楼梯平面图中的45°折断符号应以楼梯平台板与梯段的分界处为起始点画出，使第一梯段的长度保持完整。楼梯平面图中，梯段的上行或下行方向是以各层楼地面为基准标注的。向上者称为上行，向下者称为下行，并用长线箭头和文字在梯段上注明上行、下行的方向及踏步总数。

在楼梯平面图中，除注明楼梯间的开间和进深尺寸、楼地面和平台面的尺寸及标高外，还需注出各细部的详细尺寸。通常用踏步数与踏步宽度的乘

积来表示梯段的长度。通常三个平面图画在同一张图纸内，并互相对齐，这样既便于阅读，又可省略标注一些重复的尺寸。

引导问题 25：结合楼梯平面图的读图要点，对图 6－1－10 楼梯平面图进行识读，并完成读图报告。

1）了解楼梯或楼梯间在房屋中的平面位置。

2）熟悉楼梯段、楼梯井和休息平台的平面形式、位置、踏步的宽度和踏步的数量。

3）了解楼梯间处的墙、柱、门窗平面位置及尺寸。

4）看清楼梯的走向以及楼梯段起步的位置。

5）了解各层平台的标高。

6）在楼梯平面图中了解楼梯剖面图的剖切位置。

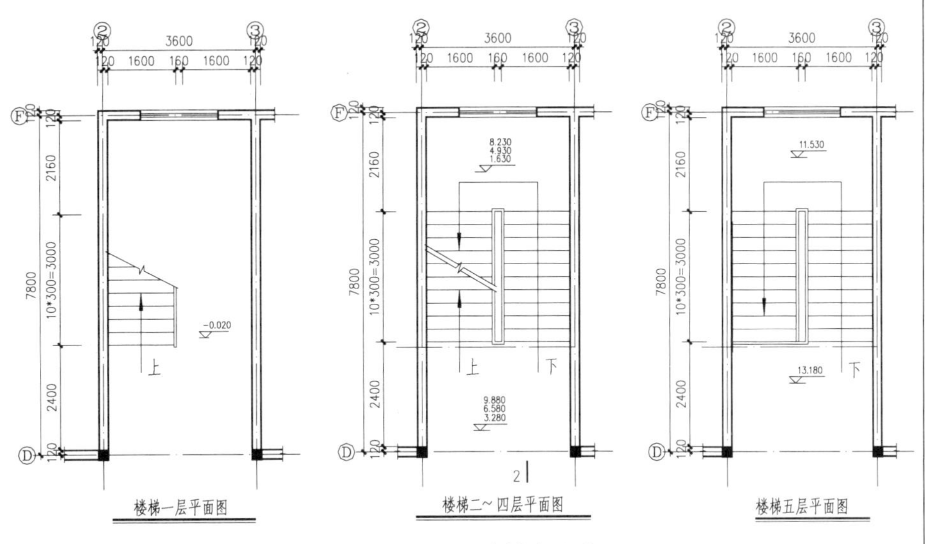

图 6－1－10　楼梯平面图

楼梯平面图读图报告：

____

____

____

引导问题 26：楼梯剖面图的构成要素有哪些？

小提示

楼梯剖面图实际上是在建筑剖面图中楼梯间部分的局部放大图。楼梯剖面图能清楚地注明各层楼(地)面的标高,楼梯段的高度、踏步的宽度和高度、级数及楼地面、楼梯平台、墙身、栏杆、栏板等的构造做法及其相对位置。表示楼梯剖面图的剖切位置的剖切符号应在底层楼梯平面图中画出。剖切平面一般应通过第一跑,并位于能剖到门窗洞口的位置上,剖切后向未剖到的梯段进行投影。

在多层建筑中,若中间层楼梯完全相同时,楼梯剖面图可只画出底层、中间层、顶层的楼梯剖面,在中间层处用折断线符号分开,并在中间层的楼面和楼梯平台面上注写适用于其他中间层楼面的标高。若楼梯间的屋面构造做法没有特殊之处,一般不再画出。在楼梯剖面图中,应标注楼梯间的进深尺寸及轴线编号,各梯段和栏杆、栏板的高度尺寸,楼地面的标高以及楼梯间外墙上门窗洞口的高度尺寸和标高。梯段的高度尺寸可用级数与踢面高度的乘积来表示,应注意的是级数与踏面数相差为 1,即踏面数 = 级数 - 1。

引导问题 27：结合楼梯剖面图的读图要点,对图 6-1-11 楼梯剖面图进行识读,并完成读图报告。

1）了解楼梯的构造形式。

2）熟悉楼梯在竖向和进深方向的有关标高、尺寸和详图索引符号。

3）了解楼梯段、平台、栏杆、扶手等相互间的连接构造。

4）明确踏步的宽度、高度及栏杆的高度。

楼梯剖面图读图报告：

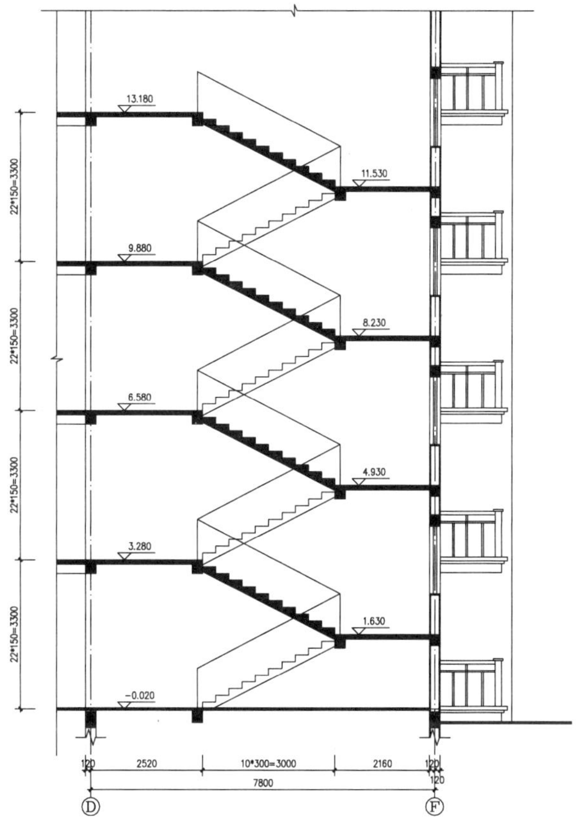

图 6-1-11　楼梯剖面图

评价反馈

学生进行自评，评价自己是否能完成施工图识读的学习、是否能完成附录施工图的识读和按时完成报告内容等实训成果资料、有无任务遗漏。老师对学生进行的评价内容包括：报告书写是否工整规范，报告内容数据是否出自实训、真实合理、阐述较详细、认识体会较深刻，实验结果分析是否合理，是否起到了实训的作用。

1）学生进行自我评价，并将结果填入表6-1-2学生自评表中。

表6-1-2　学生自评表

班级：	姓名：	学号：	
学习情境1	建筑施工图识读		
评价项目	评价标准	分值	得分
建筑平面图识读	能正确识读，准确理解其作用、图示内容及画法	10	
建筑平面图的图例符号	能正确识读，准确理解其作用、图示内容及画法	10	
建筑立面图的识读	能正确识读，准确理解其作用、图示内容及画法	10	
建筑剖面图的识读	能正确识读，准确理解其作用、图示内容及画法	10	
建筑外墙身详图识读	能正确识读，准确理解其作用、图示内容及画法	10	
楼梯图识读	能正确识读，准确理解其作用、图示内容及画法	10	
工作态度	态度端正、无无故缺勤、迟到、早退现象	10	
工作质量	能按计划完成工作任务	10	
协调能力	与小组成员、同学之间能合作交流，协调工作	5	
职业素质	能做到安全生产，文明施工，保护环境，爱护公共设施	10	
创新意识	通过阅读《建筑制图标准》能更好理解图纸内容	5	
合计		100	

2）学生以小组为单位，对以上学习情境的过程与结果进行互评，将互评结果填入表6－1－3学生互评表中。

表6－1－3　学生互评表

学习情境1		建筑施工图识读													
评价项目	分值	等　级								评价对象（组别）					
										1	2	3	4	5	6
计划合理	8	优	8	良	7	中	6	差	4						
方案准确	8	优	8	良	7	中	6	差	4						
团队合作	8	优	8	良	7	中	6	差	4						
组织有序	8	优	8	良	7	中	6	差	4						
工作质量	8	优	8	良	7	中	6	差	4						
工作效率	8	优	8	良	7	中	6	差	4						
工作完整	10	优	8	良	7	中	6	差	4						
工作规范	16	优	8	良	7	中	6	差	4						
识读报告	16	优	8	良	7	中	6	差	4						
成果展示	10	优	8	良	7	中	6	差	4						
合　计	100														

3）教师对学生工作过程与工作结果进行评价，并将评价结果填入表6－1－4教师综合评价表中。

表6－1－4　教师综合评价表

班级：		姓名：	学号：	
学习情境1		砌体结构施工放样		
评价项目		评　价　标　准	分值	得分
考勤（10%）		无无故迟到、早退、旷课现象	10	
工作过程（60%）	建筑平面图识读	能正确识读，准确理解其作用、图示内容及画法	5	
	建筑平面图的图例符号	能正确识读，准确理解其作用、图示内容及画法	5	
	建筑立面图的识读	能正确识读，准确理解其作用、图示内容及画法	5	

（续表）

学习情境 1		砌体结构施工放样		
评价项目		评 价 标 准	分值	得分
工作过程（60%）	建筑剖面图的识读	能正确识读，准确理解其作用、图示内容及画法	10	
	建筑外墙身详图识读	能正确识读，准确理解其作用、图示内容及画法	10	
	楼梯图识读	能正确识读，准确理解其作用、图示内容及画法	10	
	工作态度	态度端正、工作认真、主动	5	
	协调能力	与小组成员、同学之间能合作交流，协调工作	5	
	职业素质	能做到安全生产，文明施工，保护环境，爱护公共设施	5	
项目成果（30%）	工作完整	能按时完成任务	5	
	工作规范	能按规范要求识读	10	
	读图报告	能正确识读图纸并按照图纸完成读图报告	10	
	成果展示	能准确表达、汇报工作成果	5	
合 计			100	

综合评价	自评（20%）	小组互评（30%）	教师评价（50%）	综合得分

拓展思考题

1）识读建筑施工图应注意哪些问题？

2）建筑立面图如何命名？

3）建筑详图的基本内容是什么？

学习情境的相关知识点

知识点 1：建筑施工图识读步骤

工程开工之前，必须进行识图审图，再进行图纸会审工作。如果有识图、审图经验，掌握一些要点，则事半功倍。识图、审图的程序是：熟悉拟建工程的功能；熟悉、审查工程平面尺寸；熟悉、审查工程立面尺寸；检查施工图中容易出错的部位有无出错；检查有无改进的地方。

（1）熟悉拟建工程的功能

图纸到手后，首先了解本工程的功能是什么，是车间还是办公楼，是商场还是宿舍楼。了解功能之后，再联想一些基本尺寸和装修，例如厕所地面一般会贴地砖、做块料墙裙，厕所、阳台楼地面标高一般会低几厘米；车间的尺寸一定满足生产的需要，特别是满足设备安装的需要等。最后识读建筑说明，熟悉工程装修情况。

（2）熟悉、审查工程平面尺寸

建筑工程施工平面图一般有三道尺寸，第一道尺寸是细部尺寸，第二道尺寸是轴线间尺寸，第三道尺寸是总尺寸。检查第一道尺寸相加之和是否等于第二道尺寸、第二道尺寸相加之和是否等于第三道尺寸，并留意边轴线是否是墙中心线，谨记河南省制图习惯是以边轴线为外墙中心线。识读工程平面图尺寸，先识建施平面图，再识本层结施平面图，最后识水电空调安装、设备工艺、第二次装修施工图，检查它们是否一致。熟悉本层平面尺寸后，审查是否满足使用要求，例如检查房间平面布置是否方便使用、采光通风是否良好等。识读下一层平面图尺寸时，检查与上一层有无不一致的地方。

（3）熟悉、审查工程立面尺寸

建筑工程建施图一般有正立面图、剖立面图、楼梯剖面图，这些图有工程立面尺寸信息；建施平面图、结施平面图上，一般也标有本层标高；梁表中，一般有梁表面标高；基础大样图、其他细部大样图，一般也有标高注明。通过这些施工图，可掌握工程的立面尺寸。正立面图一般有三道尺寸，第一道是窗台、门窗的高度等细部尺寸，第二道是层高尺寸，并标注有标高，第三道是总高度。审查方法与审查平面各道尺寸一样，第一道尺寸相加之和是否等于第二道尺寸，第二道尺寸相加之和是否等于第三道尺寸。检查立面图各楼层的标高是否与建施平面图相同，再检查建施的标高是否与结施标高相符。建施图各楼层标高与结施图相应楼层的标高应不完全相同，因建施图的楼地面标高是工程完工后的标高，而结施图中楼地面标高仅结构面标高，不包括装修面的高度，同一楼层建施图的标高应比结施图的标高高几厘米。这一点需特别注意,因有些施工图,把建施图标高标在了相应的结施图上,如果不留意,施工中会出错。

熟悉立面图后,主要检查门窗顶标高是否与其上一层的梁底标高相一致;检查楼梯踏步的水平尺寸和标高是否有错,检查梯梁下竖向净空尺寸是否大于2.1米,是否出现碰头现象;当中间层出现露台时,检查露台标高是否比室内低;检查厕所、浴室楼地面是否低几厘米,若不是,检查有无防溢水措施;最后与水电空调安装、设备工艺、第二次装修施工图相结合,检查建筑高度能否满足功能需要。

(4)检查施工图中容易出错的地方有无出错

熟悉建筑工程尺寸后,再检查施工图中容易出错的地方有无出错,主要检查内容如下:

1)检查女儿墙混凝土压顶的坡向是否朝内。

2)检查砖墙下是否有梁。

3)结构平面中的梁,在梁表中是否全标出了配筋情况。

4)检查主梁的高度有无低于次梁高度的情况。

5)梁、板、柱在跨度相同、相近时,有无配筋相差较大的地方,若有,需验算。

6)当梁与剪力墙同一直线布置时,检查有无梁的宽度超过墙的厚度。

7)当梁分别支承在剪力墙和柱边时,检查梁中心线是否与轴线平行或重合,检查梁宽有无突出墙或柱外,若有,应提交设计处理。

8)检查梁的受力钢筋最小间距是否满足施工验收规范要求。

9)检查室内出露台的门上是否设计有雨篷,检查结构平面上雨篷中心是否与建施图上门的中心线重合。

10)检查设计要求与施工验收规范有无不同。如柱表中常说明:柱筋每侧少于4根可在同一截面搭接。但施工验收规范要求,同一截面钢筋搭接面积不得超过50%。

11)检查结构说明与结构平面、大样、梁柱表中内容以及与建施说明有无存在相矛盾之处。

12)单独基础系双向受力,沿短边方向的受力钢筋一般置于长边受力钢筋的上面,检查施工图的基础大样图中钢筋是否画错。

(5) **审查原施工图有无可改进的地方**

主要从有利于该工程的施工、有利于保证建筑质量、有利于工程美观和使用三个方面对原施工图提出改进意见。

……

限于篇幅,其余知识点不一一列出。在真实活页式教材编写过程中,这部分内容必不可少,是活页式教材“教材”属性的必要体现。知识点内容如果篇幅较长建议放在每个项目结束后,如果知识点内容篇幅较小,可以放在每个引导问题后面以“小提示”栏目列出,这些也是活页式教材区别传统学科式教材的典型特征。

学习领域编号-页码	学习情境　实心砖墙砌筑施工		页码：27
姓名	班级	日期	

6.2 《实心砖墙砌筑施工》活页式教材开发样例

实心砖墙砌筑施工学习情境设计

实心砖墙砌筑施工学习情境设计基于实际工程，该工程是某工厂新建厂区的二层办公楼，结构形式为砌体结构，如图 6-2-1 所示。

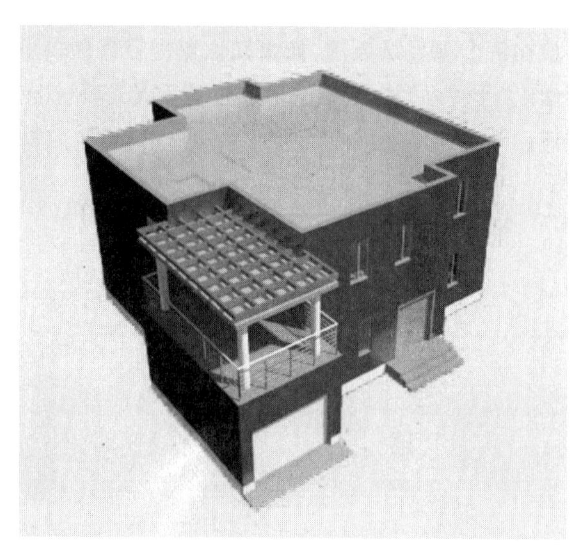

图 6-2-1　实心砖砌体结构效果图

现场地势高低不平，并有旧房屋拆除后的基础，自然地坪为 35.05 m 至 35.20 m，低于室外绝对标高。根据地质钻探资料，现场地下水位较低，故施工时基础底部不会出现地下水，可不考虑排水措施。基础持力层为粉质粘土。基础为刚性混凝土基础，天然地基。基底标高在-2.20 m 至-2.60 m 之间，-0.90 m 处有一道钢筋混凝土圈梁。建筑物按 6 度抗震设防设计，结构为墙承重，外墙由 390 mm 混凝土砌块墙，内墙为 240 mm 厚砖墙，隔断墙为 120 mm 厚木墙，单元四个大角、楼梯间、内外墙交接处、楼梯间两侧墙均设构造柱。每层设置圈梁。楼盖为木楼盖，屋顶板为现浇加气混凝土屋面板，预制混凝土挑檐板。屋面为二毡三油防水作法。外檐以清水墙为主，仅檐口、楼梯间、阳台栏板为干粘石面层。内檐除厨厕为 1.2 m 高水泥墙裙外，其余均为白灰抹面，120 mm 踢脚板，顶板勾缝喷浆，楼面为 35 mm 豆石混凝土抹面，木门、钢窗。

在本工程作为情境教学的实施过程中，需要完成砖墙砌筑、钢筋笼的制作、搭设脚手架、拌制混凝土、浇注混凝土、水准测量、高程测量、抹灰、木结构构件的制作和组装等施工工作，这需要砌筑工、钢筋工、架子工、混凝土工、测量放线工、木工和抹灰工的知识和技能。

砌筑工学习情境课程设计如表6-2-1所示：

表6-2-1 砌筑工学习情境设计

序列	学习情境	学习任务简介	学时
1	实心砖墙砌筑施工	通过本项目的学习学会L型（一顺一丁、三顺一丁、梅花丁）实心砖墙的砌筑	4
2	构造柱旁墙体砌筑施工	通过本项目学习学会构造柱与墙体之间如何砌筑马牙槎	4
3	砌块墙砌筑施工	了解混凝土小型砌块常见的规格尺寸，掌握其砌筑方法	4
4	框架填充墙砌筑施工	了解框架填充墙的一般规定，能砌完一简单填充墙	4
5	斜槎砌筑施工	掌握留槎的原因、要求，能正确进行斜槎、直槎的砌筑并进行质量检查	6
6	直槎砌筑施工		
7	门窗洞口的砌筑施工	了解门窗的材质及类型；掌握门窗洞口的砌筑方法及技巧；能对门窗洞口的砌筑质量进行检查	4
8	砖过梁的砌筑施工	了解过梁的相关概念；掌握砖过梁的砌筑方法及技巧；能对砖过梁的质量进行正确的检查与评价	4
9	空心砖墙的砌筑施工	了解空心砖及空心砖墙的概念；掌握空心砖墙的砌筑工艺及流程；掌握空心砖墙砌筑质量的检查及评定	4

下面以学习情境实心砖墙砌筑施工为例详细说明。

学习情境 实心砖墙砌筑施工

学习情境描述

在图6-2-1所示的项目中，有一片实心砖墙（如图6-2-2所示）需要工人砌筑，请你帮助工人完成该工作。

图 6-2-2　实心砖墙砌筑施工任务

学习目标

通过本项目的学习与训练，学会 L 型（一顺一丁、三顺一丁、梅花丁）实心砖墙的砌筑。

任务书

工程施工任务单如表 6-2-2 所示。

表 6-2-2　工程施工任务单

专业班组		班长		日期	
施工任务：砌筑 L 型实心砖墙（一顺一丁、三顺一丁、梅花丁）					
检查意见：					
签章：					

任务分组

表 6-2-3　学生任务分配表

<table>
<tr><td>班级</td><td></td><td>组号</td><td></td><td>指导老师</td><td></td></tr>
<tr><td>组长</td><td></td><td>学号</td><td colspan="3"></td></tr>
<tr><td>组员</td><td colspan="5"><table><tr><td>姓名</td><td>学号</td><td>姓名</td><td>学号</td></tr><tr><td></td><td></td><td></td><td></td></tr><tr><td></td><td></td><td></td><td></td></tr><tr><td></td><td></td><td></td><td></td></tr><tr><td></td><td></td><td></td><td></td></tr></table></td></tr>
<tr><td colspan="6">任务分工</td></tr>
<tr><td colspan="6"></td></tr>
</table>

获取信息

引导问题 1： 实心砖墙在砌筑前的准备工作有哪些？

引导问题 2： 请按照图 6-2-3、图 6-2-4 所示，画出 L 型实心砖墙的摆放(一顺一丁)图。

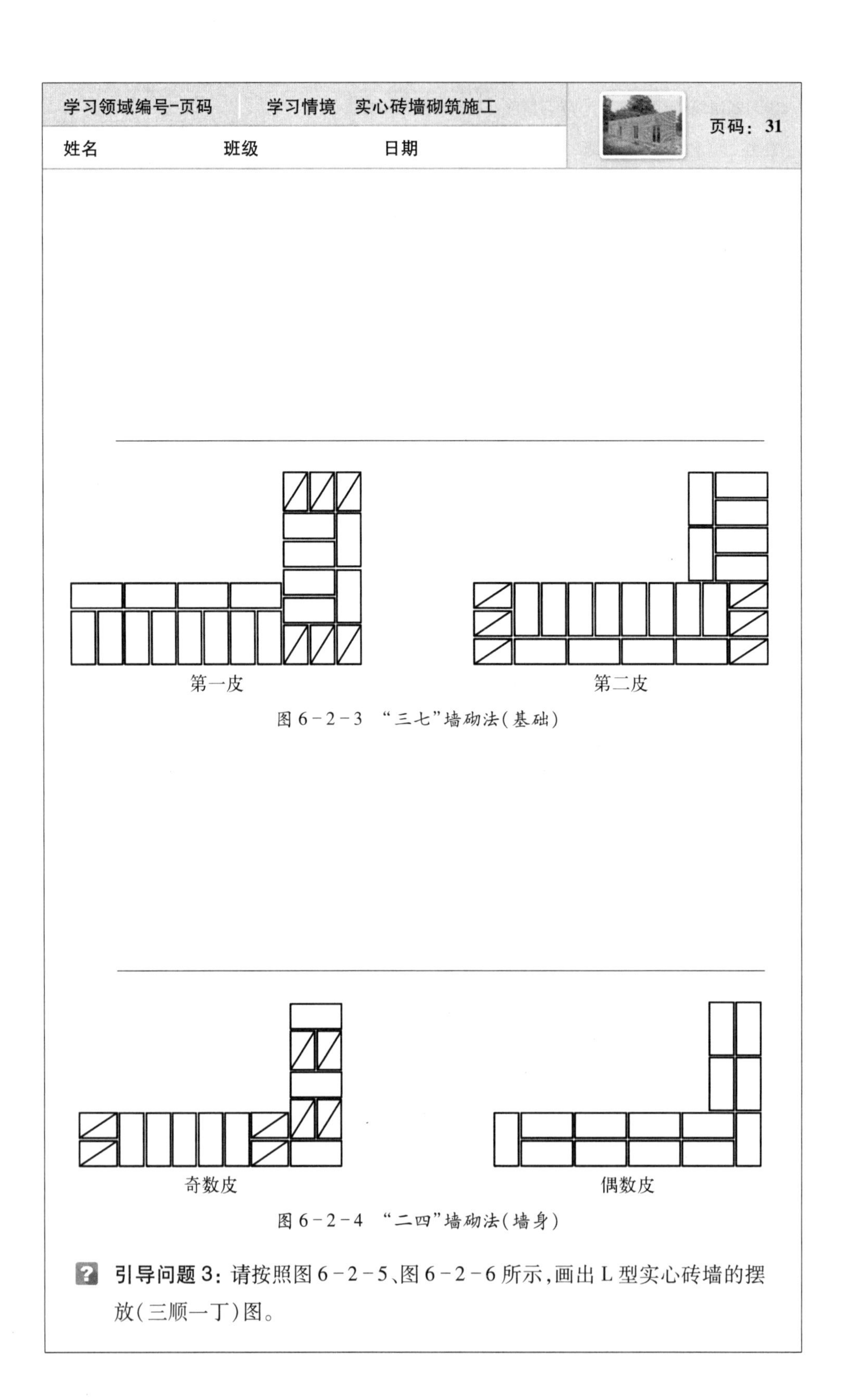

图 6-2-3 “三七”墙砌法(基础)

图 6-2-4 “二四”墙砌法(墙身)

引导问题 3：请按照图 6-2-5、图 6-2-6 所示，画出 L 型实心砖墙的摆放(三顺一丁)图。

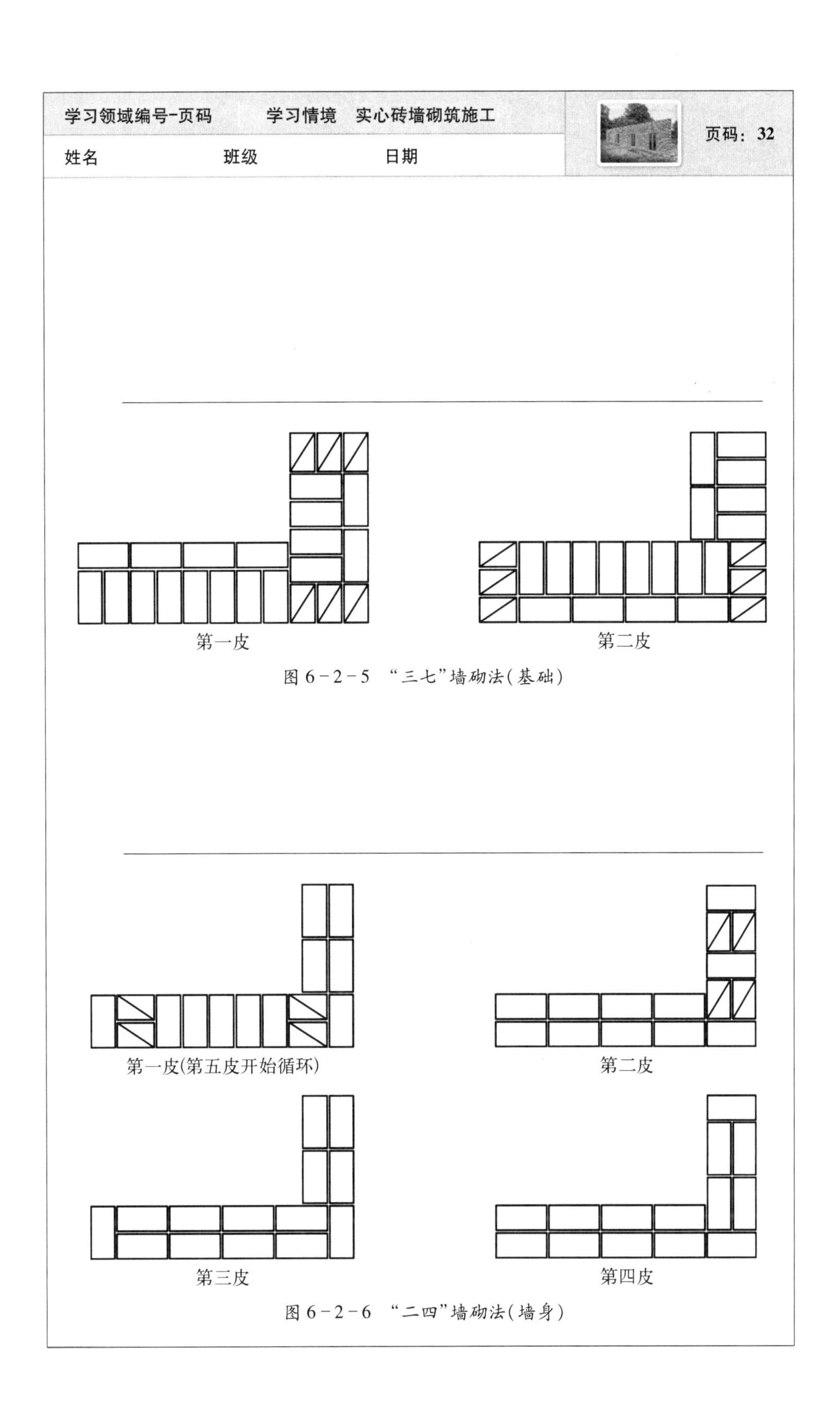

图 6-2-5　“三七”墙砌法(基础)

图 6-2-6　“二四”墙砌法(墙身)

引导问题4：请按照图6-2-7所示，画出L型实心砖墙的摆放（梅花丁）图。

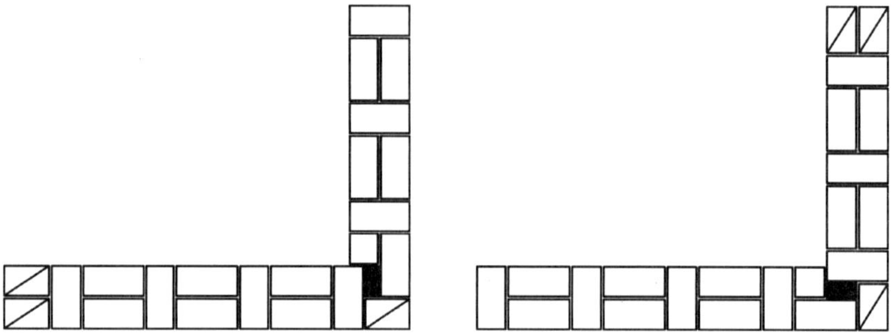

奇数皮　　偶数皮

图6-2-7　L型实心砖墙的摆放（梅花丁）

引导问题5：实心砖墙砌筑时要用到哪些材料与工具？请分类列出。

（1）材料

（2）工具

工作计划

按照收集资讯和决策过程，制定砌筑一面墙的计划，计划包括砌筑形式、操作工艺流程及安全交底，完成表6-2-4、表6-2-5内容。

表6-2-4　实心砖砌筑施工工作方案

步骤	工　作　内　容	负责人
1		
2		
3		
4		
5		
6		
7		
8		

表6-2-5　工具、耗材和器材清单

序号	名　称	型号与规格	单位	数量	备注

进行决策

检查施工前任务准备,决定施工时间、砌筑的主要流程等。

工作实施

引导问题 6：实心砖墙砌筑时砌筑形式有哪些？用自己的语言描述出来。

小提示

三种组砌形式。

① 一顺一丁：是一皮全部顺砖与一皮全部丁砖间隔砌成。上下皮竖缝相互错开 1/4 砖长。这种砌法效率较高，适用于砌一砖、一砖半及二砖墙。

② 三顺一丁：是三皮全部顺砖与一皮全部丁砖间隔砌成。上下皮顺砖间竖缝错开 1/2 砖长；上下皮顺砖与丁砖间竖缝错开 1/4 砖长。这种砌法因顺砖较多效率较高，适用于砌一砖、一砖半墙。

③ 梅花丁：梅花丁是每皮中丁砖与顺砖相隔，上皮丁砖坐中于下皮顺砖，上下皮间竖缝相互错开 1/4 长。这种砌法内外竖缝每皮都能避开，故整体性较好，灰缝整齐，比较美观，但砌筑效率较低。适用于砌一砖及一砖半墙。

引导问题 7： 砌筑操作工艺及要求有哪些？

____

____

____

____

____

____

小提示

砌筑操作工艺主要有抄平放线、摆砖、选砖、立皮数杆、砂浆的拌制、砌筑、勾缝，清扫墙面。

评价反馈

表 6-2-6　实心砖墙砌筑施工学习情境评价表

序号	测定项目	允许偏差（mm）	评分标准	满分	评价			综合得分
					自评	互评	师评	
1	表面平整度	8	用靠尺和楔形塞尺检查	20				
2	垂直度	5	用拖线板检查	20				
3	砖砌体上下错缝	立面无通缝	观察或用尺量检查	20				
4	安全		施工期间没有不戴或摘下安全帽现象，无事故	15				
5	外观		外观美观整洁大方	10				
6	文明施工		清理工具，清理场地等	15				

学习情境的相关知识点

限于篇幅，其余知识点不一一列出。在真实活页式教材编写过程中，这部分内容必不可少，是活页式教材其“教材”属性的必要体现。知识点内容如果篇幅较长，建议放在每个项目结束后，如果知识点内容篇幅较小，可以放在每个引导问题后面以“小提示”栏目列出，这些也是活页式教材区别传统学科式教材的典型特征。

6.3 《混凝土配合比设计》活页式教材开发样例

学习情境　混凝土配合比设计

学习情境描述

浇筑构造柱所用的混凝土强度为 C25，现场石子最大粒径为 40 mm，砂为细砂，坍落度要求 30—50 mm，一般的耐久性要求。需要进行配合比设计，并制作一组（3 个）混凝土标准试块（尺寸：150 mm×150 mm×150 mm）进行强度的验证。

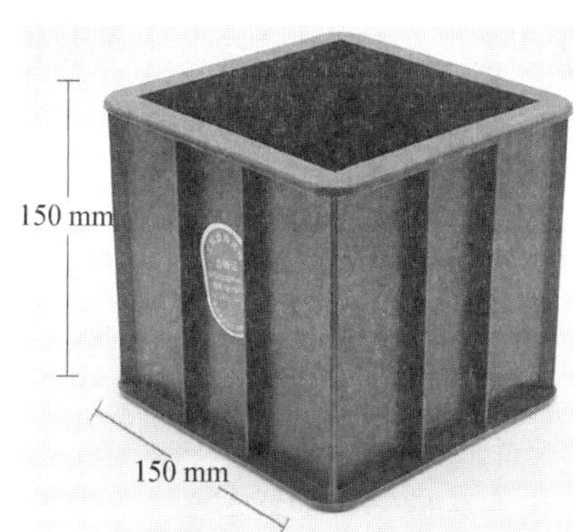

图 6-3-1　混凝土标准试块

学习目标

通过教学情境，了解混凝土的组成，掌握根据不同的分类方法对混凝土进行分类。掌握拌制混凝土应该准备的知识，独立进行混凝土配合比设计并配料、准备材料及操作工艺流程。

工程施工任务单如表 6-3-1 所示。

任务书

表 6-3-1　工程施工任务单表

专业班组		班长		日期	
施工任务：混凝土配合比设计					

（续表）

检查意见：
签章：

任务分组

表 6-3-2　学生任务分配表

<table>
<tr><td>班级</td><td></td><td>组号</td><td></td><td>指导老师</td><td></td></tr>
<tr><td>组长</td><td></td><td>学号</td><td colspan="3"></td></tr>
<tr><td rowspan="5">组员</td><td>姓名</td><td>学号</td><td>姓名</td><td colspan="2">学号</td></tr>
<tr><td></td><td></td><td></td><td colspan="2"></td></tr>
<tr><td></td><td></td><td></td><td colspan="2"></td></tr>
<tr><td></td><td></td><td></td><td colspan="2"></td></tr>
<tr><td></td><td></td><td></td><td colspan="2"></td></tr>
<tr><td>任务分工</td><td colspan="5"></td></tr>
</table>

获取信息

了解本学习任务需要掌握的内容包括混凝土的组成及其分类不同，首先需要收集相关资料。

学习领域编号-页码	学习情境 混凝土配合比设计	页码：40
姓名 班级 日期		

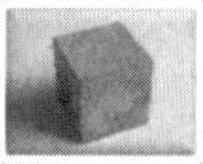

引导问题 1：混凝土的组成有哪些？

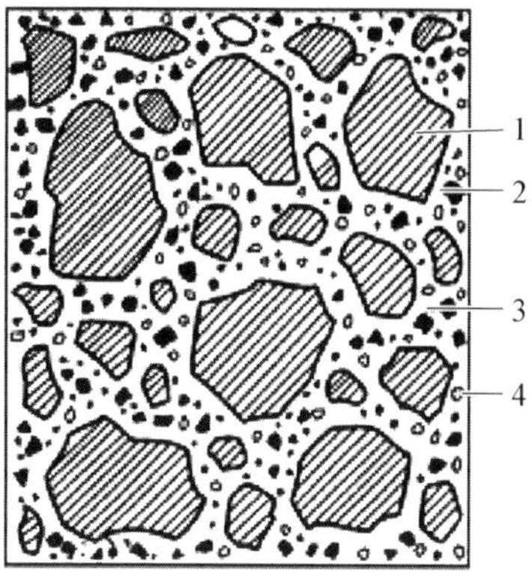

图 6-3-2 混凝土组成元素

引导问题 2：常见混凝土的分类有哪些？

小提示

常见混凝土的主要类别。

① 按照体积密度分：重混凝土 ρ_0>2 800 kg/m^3；普通混凝土 ρ_0=2 000－2 800 kg/m^3；轻混凝土 ρ_0<2 000 kg/m^3。

② 按凝胶材料分：水泥混凝土、硅酸盐混凝土、沥青混凝土、聚合物水泥混凝土、聚合物浸渍混凝土。

③ 按用途分：结构混凝土、防水混凝土、道路混凝土、耐候混凝土、大体积混凝土、防辐射混凝土等。

④ 按生产和施工工艺分：预拌混凝土(商品混凝土)、泵送混凝土、喷射混凝土、碾压混凝土、离心混凝土等。

⑤ 按强度分：普通混凝土<C60；高强度混凝土≥C60；超高强度混凝

土≥C100。

⑥ 按配筋情况分：素混凝土、钢筋混凝土、预应力钢筋混凝土、钢纤维混凝土等。

工作计划

按照收集资讯和决策过程，制定混凝土配合比方案，完成表6-3-3、表6-3-4内容。

表6-3-3　混凝土配合比设计工作方案

步骤	工　作　内　容	负责人
1		
2		
3		
4		
5		
6		
7		
8		

表6-3-4　工具、耗材和器材清单

序号	名　称	型号与规格	单位	数量	备注

进行决策

由教师带领学生对混凝土的不同类型按照什么标准进行分类、确定,并做好混凝土配合比设计详细计划。本学习任务适用于工民建的普通混凝土的现场拌制。

工作实施

(1) 混凝土材料进场验收

由教师和学生分别模拟施工单位和项目监理机构填写材料进场验收记录模拟表,如表 6-3-5 所示。

表 6-3-5　材料进场验收记录模拟表

工程名称			编　号		
材料名称			进场日期		
材料品种		规　格		进场数量	
生产厂家		出厂批号			

验收情况:
水泥:
品种:______,型号:______,生产厂家:______,出厂日期:________
砂:
品种:______,含水率:______,细度模数:______,属______砂
石:
品种:______,含水率:______,最大粒径:______

施工单位(组长)检查意见:

质检员:　　材料员:　　年　月　日

项目监理机构(教师)验收意见:

专业监理工程师:　　年　月　日

注:本表由施工单位填写,监理机构验收合格后,作为质量证明资料,由施工单位保存。

(2) 混凝土拌制基本流程

小提示

混凝土拌制基本流程。

① 基本工艺流程详见图 6-3-3。

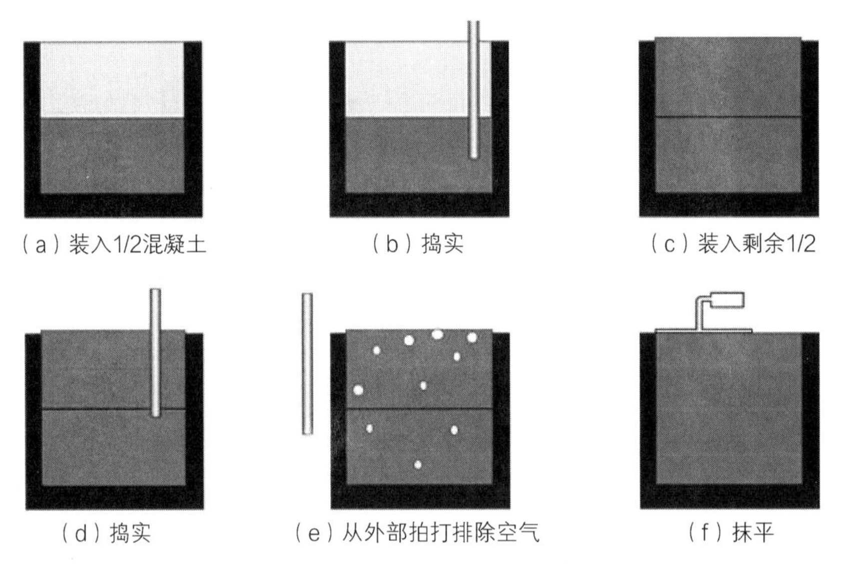

图 6-3-3　混凝土的拌制示意

② 每台班开始前,对搅拌机及上料设备进行检查并试运转;对所用计量具进行检查并定磅;校对施工配合比;对所用原材料的规格、品种、产地、牌号及质量进行检查,并与施工配合进行核对;对砂、石的含水率进行检查,如有变化,及时通知实验人员调整用水量。当一切符合要求后,方可开盘拌制混凝土。

③ 计量。分别包括砂石、水泥、外加剂及混合料、水计量。

④ 第一盘混凝土拌制的操作。每次上班拌制第一盘混凝土时,先加水搅拌筒空转数分钟,搅拌筒被充分湿润后,将剩余积水倒净。搅拌第一盘时,由于砂浆粘筒壁而发生损失,因此,石子的用量应按配合比减半。从第二盘开始,按给定的配合比投料。

⑤ 搅拌时间控制：混凝土搅拌的最短时间应按表 6-3-6 控制。

表 6-3-6　混凝土搅拌的最短时间(s)

混凝土坍落度(mm)	搅拌机类型	搅拌机出料量(L)		
		<250	250~500	>500
<30	强制式	60	90	120
	自落式	90	120	150
>30	强制式	60	60	90
	自落式	90	90	120

注：1. 混凝土搅拌的最短时间指自全部材料装入搅拌筒中起，到开始卸料止的时间；
2. 当掺有外加剂时，搅拌时间应适当延长；
3. 冬期施工时搅拌时间应取常温搅拌时间的 1.5 倍。

⑥ 出料。出料时，先少许出料，目测拌合物的外观质量，如目测合格方可出料。每盘混凝土拌合物必须出尽。

⑦ 混凝土拌制的质量检查。

⑧ 冬期施工混凝土的搅拌。

表 6-3-7　机械拌制混凝土实训任务交底书

工程名称		填表人	
		日期	

步骤：
1. 本次实训过程的劳保用品：

2. 根据人工拌合工程量的计算：
共需要混凝土____m^3，其中砂____kg，石____kg，水泥____kg，水____kg。
现场条件下的砂____kg，石____kg，水泥____kg，水____kg。
3. 强制性搅拌机进行搅和。
4. 经工作性调整后原材料用量：
砂____kg，石____kg，水泥____kg，水____kg，坍落度值____mm。
现场条件下的砂____kg，石____kg，水泥____kg，水____kg。
5. 制成混凝土试块。
成型日期：________，开始养护日期________
6. 现场清理，并填写所用到的器具：

技术负责人		相关参与工作人员签字	

评价反馈

各组代表展示作品，介绍任务的完成过程。作品展示前准备（准备阐述材料，填写阐述项目表），并完成下列评价表6-3-8、表6-3-9、表6-3-10。

表6-3-8　学生自评表

任　务	完成情况记录
任务是否按计划时间完成	
相关理论完成情况	
技能训练情况	
任务完成情况	
任务创新情况	
材料上交情况	
收获	

表6-3-9　学生互评表

序号	评价项目	小组互评	教师评价	总　评
1	任务是否按时完成			
2	材料完成上交情况			
3	作品质量			
4	语言表达能力			
5	小组成员合作面貌			
6	创新点			

表6-3-10　教师评价表

序号	评价项目	自我评价	互相评价	教师评价	综合评价
1	学习准备				
2	引导问题填写				

（续表）

序号	评价项目	自我评价	互相评价	教师评价	综合评价
3	规范操作				
4	完成质量				
5	关键操作要领掌握				
6	完成速度				
7	5S管理、环保节能				
8	参与讨论主动性				
9	沟通协作				
10	展示汇报				

注：评价档次统一采用A（优秀）、B（良好）、C（合格）、D（努力）四个。

学习情境的相关知识点

限于篇幅，其余知识点不一一列出。在真实活页式教材编写过程中，这部分内容必不可少，是活页式教材其“教材”属性的必要体现。知识点内容如果篇幅较长，建议放在每个项目结束后，如果知识点内容篇幅较小，可以放在每个引导问题后面以“小提示”栏目列出，这些也是活页式教材区别于传统学科式教材的典型特征。

6.4 《手动正转控制线路的安装与检修》活页式教材开发样例

学习情境　手动正转控制线路的安装与检修[①]

学习情境描述

1）教学情境描述：观看工厂中砂轮机的使用视频。使用时，向上扳动低压断路器的手柄，砂轮开始转动磨刀；使用完后，向下扳动低压断路器的手柄，砂轮停转，停止磨刀。这就是一种最简单的三相异步电动机手动正转控制线路。

2）关键知识点：熔断器、低压断路器、负荷开关和组合开关的结构、动作原理、型号及含义、选用方法；绘制、误读接线图应遵循的原则；三相异步电动机正转控制线路的原理。

3）关键技能点：熔断器、低压断路器、负荷开关和组合开关安装方法及使用要求与检修；控制线路的安装方法、步骤及工艺要求和检测方法及步骤。

学习目标

1）正确理解手动正转控制线路的工作原理。

2）正确识读手动正转控制线路的原理图、接线图和布置图。

3）会按照工艺要求正确安装手动正转控制线路。

4）初步掌握手动正转控制线路中低压电器的选用方法与简单检修。

5）能根据故障现象检修手动正转控制线路。

任务书

完成通过开启式负荷开关、封闭式负荷开关、组合开关或低压断路器控制电动机启动和停止的正转控制线路的安装与检修。

---

① 本案例修改自《一体化单独课程开发指导手册(试行)》附件内容，广西玉林商贸技工学校，2015.

任务分组

表 6-4-1　学生任务分配表

班级		组号		指导老师	
组长		学号			
组员	姓名	学号	姓名	学号	
任务分工					

获取信息

引导问题 1：了解三相异步电动机手动正转控制线路接线图，说明工作原理。

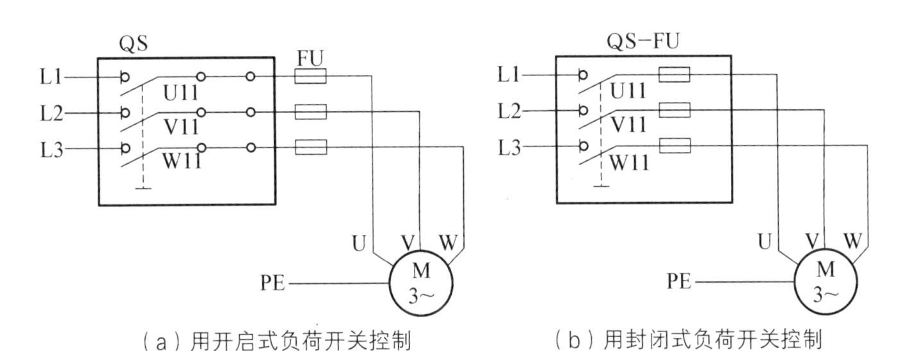

（a）用开启式负荷开关控制　　（b）用封闭式负荷开关控制

图 6-4-1　手动正转控制线路

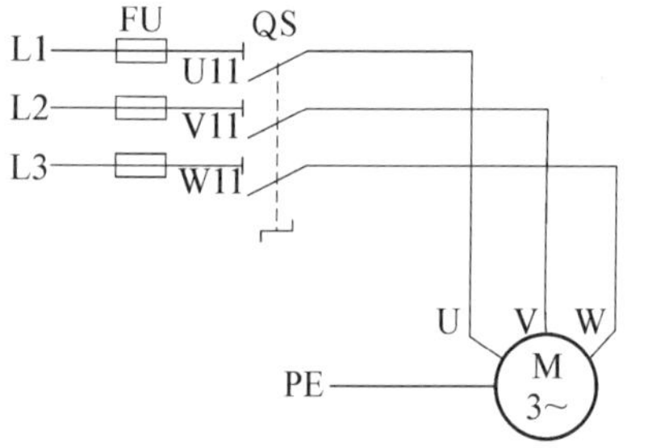

（a）用组合开关控制

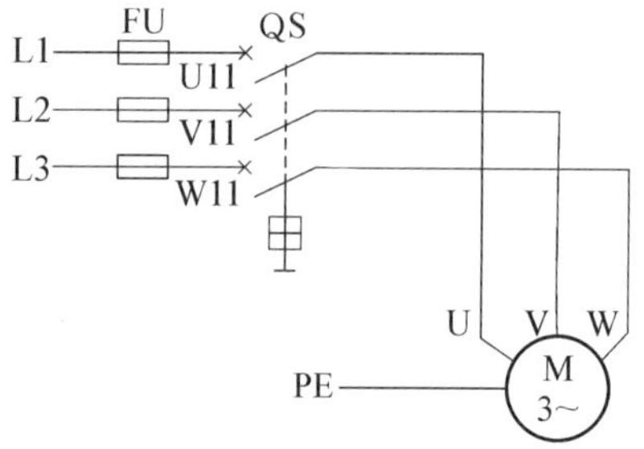

（b）用低压断路器控制

图 6－4－2 手动正转控制线路

三相异步电动机手动正转控制线路使用了哪些低压电器？它们的作用是什么？正转控制线路的含义是什么？

____

____

____

引导问题 2： 了解低压开关——开启式负荷开关。

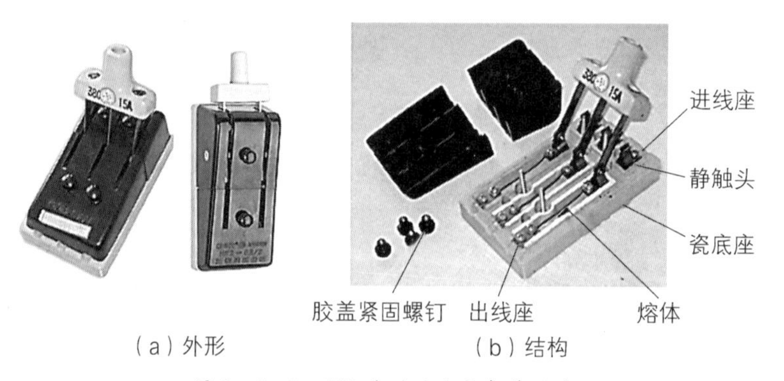

（a）外形　　（b）结构

图 6－4－3 HK 系列开启式负荷开关

1）写出开启式负荷开关的结构符号。

____

____

2）写出开启式负荷开关的型号含义。

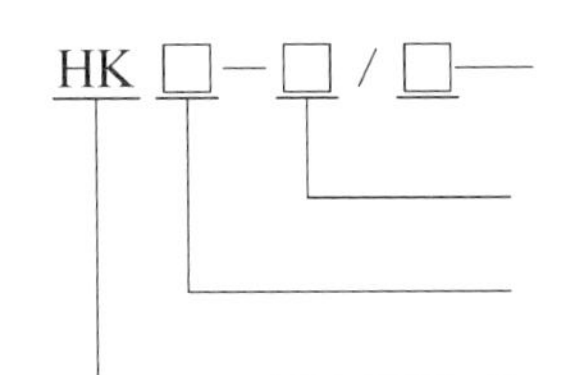

3）怎样选用开启式负荷开关？

____

____

小提示

用开启式负荷开关控制电动机的直接启动和停止时应注意以下事项：

① 电动机的容量应小于5.5 kW。原因：没有灭弧装置。

② 不宜用于操作频繁的电路。原因：动触头和静夹座易被电弧灼伤，从而引起接触不良。

③ 将开关的熔体部分用铜导线直连，并在出线端另外加装熔断器作短路保护。原因：开启式负荷开关的熔体部分没有熔管保护，控制电动机时安全性差。

由于三相异步电动机的启动电流大于其额定电流，因此选用低压开关控制照明和电热线路与控制三相异步电动机是有区别的。

引导问题3：了解低压开关——封闭式负荷开关。

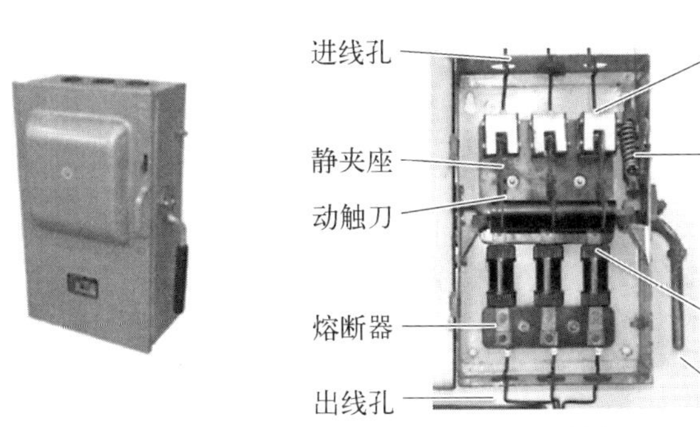

图6-4-4　HH3系列封闭式负荷开关

1）写出封闭式负荷开关的结构符号。

____

____

2）写出封闭式负荷开关的型号含义。

HH □－□／□—

3）怎样选用封闭式负荷开关？

____

____

引导问题4：了解低压开关——组合开关。

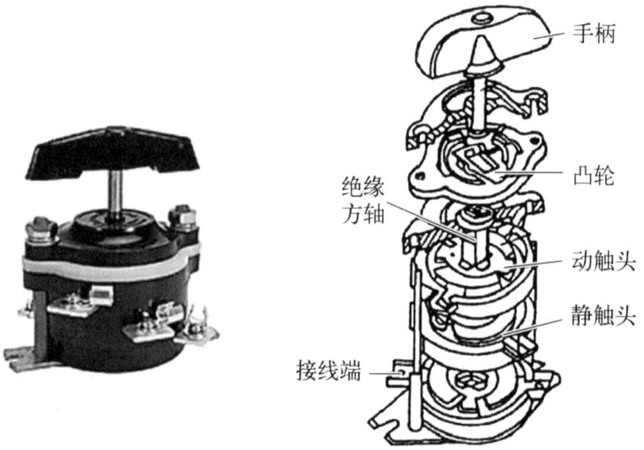

（a）外形 （b）结构

图6－4－5 组合开关

1）写出组合开关的结构符号。

____

____

2）写出组合开关的型号含义。

HZ 10—□□/□

3）怎样选用组合开关？

引导问题5：了解低压开关——低压断路器。

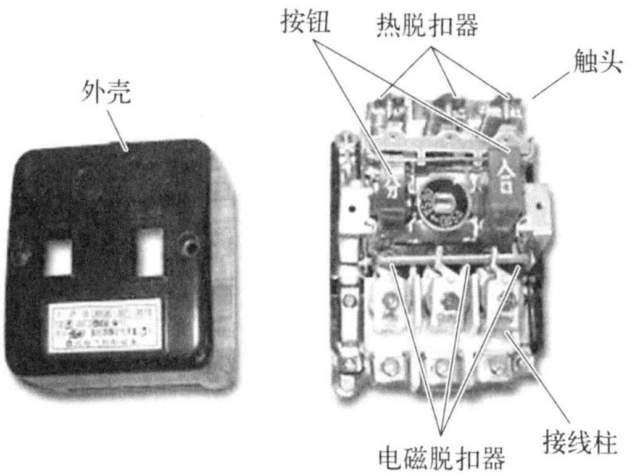

（a）外形　（b）结构

图6－4－6　低压断路器

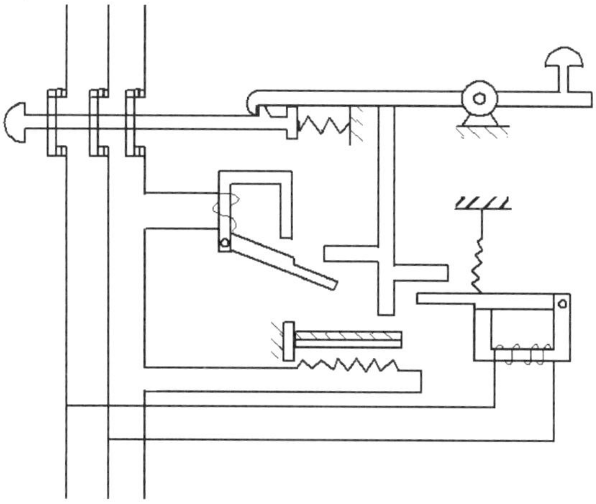

图6－4－7　低压断路器工作原理示意图

1）写出低压断路器的结构符号。

2）写出低压断路器的型号含义。

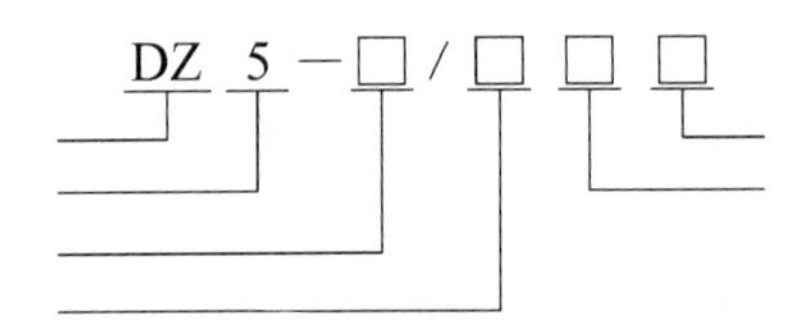

3）低压断路器的工作原理是什么？

4）如何选用低压断路器？

小提示

过载保护和短路保护的区别。

① 一般过载是指10倍额定电流以下的过电流，短路则是指10倍额定电流以上的过电流。

② 两者无论是在特性、参数还是工作原理等方面，差异都很大。

学习领域编号-页码	学习情境 手动正转控制线路的安装与检修	 页码：54
姓名　　　　班级	日期	

引导问题 6：了解低压开关——熔断器。

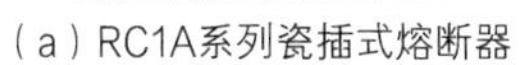

（a）RC1A系列瓷插式熔断器

（b）RL1系列螺旋式熔断器

（c）RM10系列封闭管式熔断器

（d）RT0系列有填料封闭管式熔断器

（e）NG30系列有填料封闭管式圆筒帽形熔断器

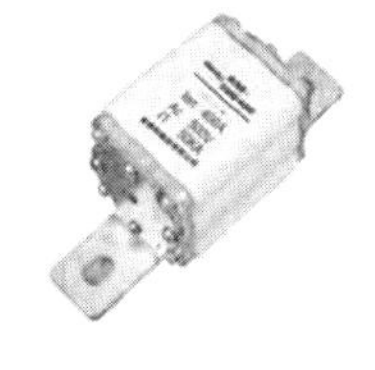

（f）RS0、RS3系列有填料快速熔断器

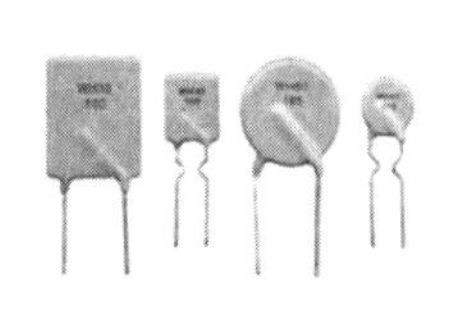

（g）自复式熔断器

图 6-4-8　各种型号的熔断器

1）描述熔断器的作用。

____

____

2）写出熔断器的结构符号。

____

____

3）写出熔断器的结构型号含义。

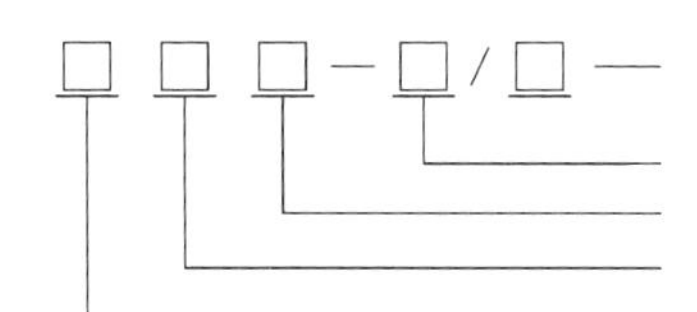

4）写出熔断器的主要技术参数。

____

____

5）怎样选用熔断器？

小提示

熔断器对过载反应是很不灵敏的，当电气设备发生轻度过载时，熔断器将持续很长时间才熔断，有时甚至不熔断。因此，除在照明和电加热电路外，熔断器一般不宜用作过载保护，而是主要用作短路保护。

工作计划

1）制定工作方案。

表6－4－2　工作方案

步骤	工　作　内　容	负责人
1		
2		
3		
4		
5		
6		
7		
8		

2）写出开启式负荷开关控制的手动正转控制线路的工作原理。

3）列出仪表、工具、耗材和器材清单。

表 6-4-3　器具清单

序号	名　称	型 号 与 规 格	单位	数量	备注

引导问题 7： 画出开启式负荷开关控制的手动正转控制线路布置图、接线图。

小提示

布置图是根据电气元件在控制板上的实际安装位置，采用简化的外形符号（如正方形、矩形、圆形等）而绘制的一种简图，它不表达各电器的具体结构、作用、接线情况以及工作原理，主要用于电气元件的布置和安装，图中各元件的文字符号必须与电路图和接线图的标注一致。接线图是根据电气设备和电气元件的实际位置和安装情况绘制的，只用来表示电气设备和电气元件的位置、配线方式和接线方式,而不明显表示电气动作原理,主要用于安装接线、线路的检查维修和故障处理。

进行决策

1）各组派代表阐述设计方案。

2）各组对其他组的设计方案提出自己不同的看法。

3）教师结合大家完成的情况进行点评,选出最佳方案。

工作实施

（1）按照本组制定的计划(最佳方案)实施——安装线路

1）领取元器件及材料。

2）检查元器件。

3）按最佳方案安装元器件。

4）根据工艺要求及最佳方案布线。

（2）安装的一般步骤

1）识读电路图,明确线路所用电气元件及其作用,熟悉线路的工作原理。

2）根据电路图或元件明细表配齐电气元件,并进行质量检验。

3）根据电气元件选配安装工具和控制板。

4）根据电路图绘制布置图和接线图,然后按要求在控制板上安装除电动机以外的电气元件,并贴上醒目的文字符号。

5）根据电动机容量选配主电路导线的截面。控制电路导线一般采用BVR1mm2 的铜芯线(红色),按钮线一般采用 BVR0.75mm2 的铜芯线(红色),接地线一般采用截面不小于 1.5mm2 的铜芯线(BVR 黄绿双色)。

6）根据接线图布线,同时剥去绝缘层两端的线头,套上与电路图相一致编号的编码套管。

7）安装电动机。

8）连接电动机和所有电气元件金属外壳的保护接地线。

9）连接电动机等控制板外部的导线。

10）自检。

11）交验。

12）通电试车。

(3) 安装工艺要求

引导问题8：完成下列安装工艺要求填空题。

1）布线通道要尽可能______，同路并行导线按主、控电路分类集中，单层密排，紧贴安装面布线。

2）同一平面的导线应高低一致或前后一致，不能交叉。非交叉不可时，该根导线应在接线端子__________时，就水平架空跨越，但必须走线合理。

3）布线应________________，________________。变换走向时应________________。

4）布线时严禁损伤__________和导线______________。

5）布线顺序一般以_______________为中心，按由里向外、由低至高，先________电路、后______电路的顺序进行，以不妨碍后续布线为原则。

6）在每根剥去绝缘层导线的两端套上______________。所有从一个接线端子（或接线桩）到另一个接线端子（或接线桩）的导线必须________，中间______________。

7）导线与接线端子或接线桩连接时，不得______________________、不________________，及不____________________。

8）同一元件、同一回路的不同接点的导线间距离应________________。

9）一个电气元件接线端子上的连接导线不得多于________根，每节接线端子板上的连接导线一般只允许连接________根。

(4) 安全注意事项

引导问题9：完成下列安全注意实现的填空题。

1）导线的数量应按敷设方式和管路长度来决定，线管的管径应根据导线的总截面来决定，导线的总截面不应大于线管有效截面的__________，其最小标称直径__________。

2）当控制开关远离电动机且看不到电动机的运转情况时，必须另设______________装置。

3）电动机使用的电源__________和绕组的________，必须与名牌上规定的相一致。

4）接线时，必须先接______端，后接______端；先接______线，后接______线。

5）通电试车时，必须先________运行。当观察运行正常时再接上________运行。若发现异常情况应立即断电检查。

6）安装开启式负荷开关时，应将开关的熔体部分用________直连，并在________端另外加装熔断器作短路保护；安装组合开关和低压断路器时，则在电源________侧加装熔断器。

评价反馈

各组代表展示作品，介绍任务的完成过程。作品展示前应准备阐述材料，并完成评价表6－4－4、6－4－5、6－4－6。

表6－4－4　学生自评表

任　　务	完成情况记录
任务是否按计划时间完成	
相关理论完成情况	
技能训练情况	
任务完成情况	
任务创新情况	
材料上交情况	
收获	

表6－4－5　学生互评表

序号	评 价 项 目	小组互评	教师评价	总　评
1	任务是否按时完成			
2	材料完成上交情况			
3	作品质量			
4	语言表达能力			
5	小组成员合作面貌			
6	创新点			

表 6-4-6　教师评价表

序号	评价项目	自我评价	互相评价	教师评价	综合评价
1	学习准备				
2	引导问题填写				
3	规范操作				
4	完成质量				
5	关键操作要领掌握				
6	完成速度				
7	5S 管理、环保节能				
8	参与讨论主动性				
9	沟通协作				
10	展示汇报				

注：评价档次统一采用 A(优秀)、B(良好)、C(合格)、D(努力)4 个。

学习情境的相关知识点

……

限于篇幅，其余知识点不一一列出。在真实活页式教材编写过程中，这部分内容必不可少，是活页式教材“教材”属性的必要体现。知识点内容如果篇幅较长，建议放在每个项目结束后；如果知识点内容篇幅较小，可以放在每个引导问题后面以“小提示”栏目列出。这些也是活页式教材区别传统学科式教材的典型特征。

学习领域编号-页码	学习情景　台式机电脑组装	
姓名	班级	日期

页码：61

6.5 《台式机电脑组装》活页式教材开发样例

学习情景　台式机电脑组装[①]

学习情境描述

按照客户对计算机性能的要求，制定计算机组装的方案，完成计算机硬件组装，完成操作系统和应用软件的安装，并进行相关设置。

学习目标

1）通过不同途径获取产品的最新资讯，识别不同型号的产品具体参数。

2）在教师的指导下查阅相关资料，制定出计算机组装的方案和标准流程。

3）制定各种装机方案，根据已确定的装机方案，列出装机清单。

4）独立完成计算机硬件组装，能按照计算机组装的流程，在教师的指导下，正确组装计算机并进行 BIOS 设置。

5）在老师的帮助下，完成操作系统和应用软件的安装。

6）完成计算机的软硬件组装后，检验计算机能否正常开机运行，并填写验收单。

任务书

电脑城某公司的部门主管接待一个客户，客户要求组装一台家用电脑，具体要求能满足日常办公需求、进行图片处理、运行市面上流行的单机游戏和网络游戏。现主管将该任务交给你，要求在当天之内完成。你接受到任务后，根据公司的规定，向客户了解其对计算机的功能需求，提出合理化建议。在双方确定的情况下，拟定好装机方案，并在征得客户同意后，采购装机所需配件，对计算机进行组装。组装完成后，根据客户的要求，安装相应的操作系统和应用软件。客户验收后，交付使用，并填写相关单据（如保修单、发票等）。

① 本案例修改自广州市工贸技师学院信息工程系《计算机组装与维护（工作页）》，2012 年版.

任务分组

表 6-5-1　学生任务分配表

班级		组号		指导老师	
组长		学号			
组员	姓名	学号	姓名	学号	
任务分工					

获取信息

引导问题 1：自主学习计算机组成的基础知识。

引导问题 2：查阅相关资料，与客户沟通，收集客户的装机信息。

引导问题 3：使用计算机硬件专业术语帮助客户填写装机配置清单。

引导问题 4：请在下面画出计算机硬件的组成简图。

引导问题 5：根据下图的连线提示，在方框中填入计算机各部件名称。

（a）外设

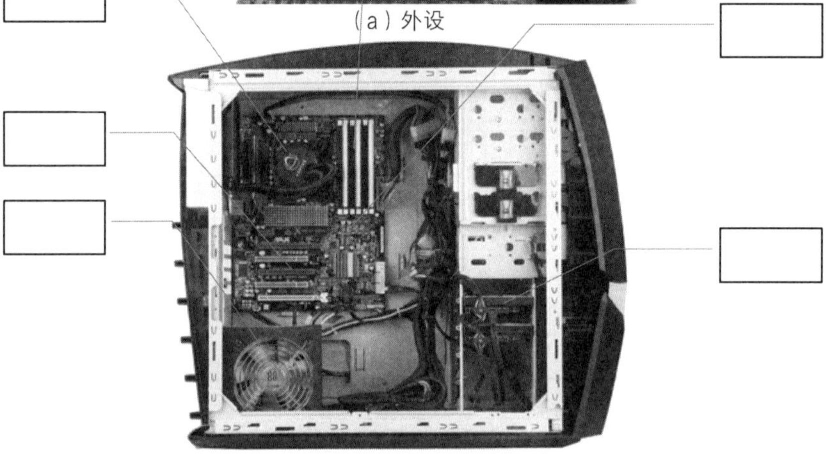

（b）硬件

图 6-5-1　计算机部件

1）计算机系统除了硬件外，还包括软件，软件系统分为以下三类：

________、________、________

2）计算机外设有：________

3）影响计算机性能的关键的部件有：

____

____

引导问题 6：与客户沟通，记录客户的装机要求。

价格：________

用途：________

____

____

引导问题7： 上网查阅，使用计算机硬件专业术语帮助客户写出对装机的具体配置要求。

表6-5-2　配置要求

配件	数量	价格范围	品牌要求	其他要求
CPU				
主板				
内存				
硬盘				
显卡				
声卡				
显示器				
鼠标				
键盘				
机箱				
电源				
音箱				

工作计划

引导问题8： 查阅资料，浏览相关网页，完成符合客户要求的硬件信息选购表，每个配件给客户3个备选方案。

表6-5-3　选购表

配件	品牌	型号	主要参数	价格	备注
CPU					

（续表）

配件	品牌	型号	主要参数	价格	备注
主板					
内存					
硬盘					
显卡					
显示器					
……					

引导问题 9： Intel 的 Core i 系列 CPU 主要有 i3、i5 和 i7 三种，该如何选择？（满足经济型要求和功能性要求）

引导问题 10： 请写出你为客户配置的电脑配置清单。

表 6-5-4　电脑配置清单

配件	数量	单价	品　牌　型　号	价格
CPU				
主板				
内存				
硬盘				
显卡				
声卡				
显示器				
鼠标				
键盘				
机箱				
电源				
音箱				
价格总计：　　　元				

进行决策

引导问题 11： 小组内讨论每个同学的配置清单,分析优劣,综合每位同学的意见,确定小组的最终配置方案。

表 6-5-5　配置方案

组内成员	讨论前配置方案存在的缺陷	讨论后整理优化的配置方案

表 6-5-6　（最终）电脑配置清单

配件	数量	单价	品　牌　型　号	价格
CPU				
主板				
内存				
硬盘				
显卡				
声卡				
显示器				
鼠标				
键盘				
机箱				
电源				
音箱				
价格总计：　　　　元				

本方案的特点	采用理由

引导问题 12：请写出以上（最终）电脑配置清单配件关键参数。

表 6-5-7　配件关键参数

配件名称：主板	
芯片厂商	
CPU 插槽	
支持内存类型	
内存频率	
硬盘接口	
支持显卡标准	
价格	

配件名称：CPU	
型号	
芯片厂方	
接口类型	
主频	
外频	
倍频	
一级缓存	
价格	

（续表）

配件名称：内存		配件名称：显卡	
型号		型号	
内存类型		芯片厂方	
内存主频		核心位宽	
内存总容量		显卡接口标准	
插脚数目		输出接口	
内存电压		显存容量	
价格		价格	
配件名称：硬盘		**配件名称：显示器**	
型号		型号	
容量		尺寸	
转速		点距	
缓存容量		屏幕比例	
盘体尺寸		接口类型	
接口标准		分辨率	
价格		价格	

引导问题 13：请在下表中画出计算机组装流程图。

计算机组装流程图

（续表）

引导问题 14：描述所需组装工具的主要功能。

表 6-5-8 组装工具主要功能

所需组装工具	主要功能

工作实施

引导问题 15：填写组装电脑所需配件和工具领取单。

表 6-5-9 组装电脑所需配件和工具领取单

配件名称	数量	品牌型号	是否归还	备注

领取人： 归还时间： 发放人： 日期：

引导问题 16：请你查询参考资料，写出组装电脑前的注意事项。

引导问题 17：请思考硬件组装的步骤及其注意事项有哪些。

表 6-5-10　硬件组装步骤注意事项

硬件组装步骤		注　意　事　项
步骤 1		
步骤 2		
步骤 3		
步骤 4		
步骤 5		
步骤 6		
步骤 7		
步骤 8		
步骤 9		
步骤 10		

引导问题 18：使用工具独立组装计算机，并记录在组装过程中遇到的问题。

引导问题 19： 对硬盘进行分区和格式化。使用带有 DM 工具的启动光盘，对通过加电自检的计算机用 DM 工具进行分区格式化。分区大小：C 盘容量 100 G，D 盘容量 200 G，其余给 E 盘；并写出对硬盘分区格式化的步骤。

分区步骤：

____

____

____

____

____

____

格式化步骤：

____

____

____

____

____

____

引导问题 20： 安装操作系统（Windows 10），并写出安装操作系统的步骤。

____

____

____

____

____

____

引导问题 21： 安装计算机软件，根据组装计算机提供的主板、显卡、网卡等硬件说明书和驱动程序光盘安装 Windows 10 系统的驱动程序，做好驱动程序位置的记录；上网下载 MicroSoft Office、WinRAR 等软件，并安装在 Windows 10 系统中。

评价反馈

1）客户验收。填写“家用电脑装配项目验收标准及评分表”，对计算机整机进行现场验收。

表 6-5-11　家用电脑装配项目验收标准及评分表

序号	验收项目	验 收 标 准	客户意见	教师评分（每项100分）	权重
1	计算机外观	无划痕、破损、裂缝，外观整洁、干净、美观			10%
2	整机组装	整机组装时，各配件安装位置正确，工具使用得当，安装牢固，螺钉无漏装现象			50%
3	控制线路	导线位置连接正确、牢固，连接线捆扎牢固。导线绝缘处理时操作符合要求			20%
4	通电运行	整机通电运行时，各部件运动灵活、无碰撞、无异响。声音效果良好，无爆破音、电流声、啸叫声			20%
5	教师评价总分	（最后算入总评表）			

2）验收过程情况记录。

表 6-5-12　验收过程问题记录表

验收问题记录	整改措施	完成时间	备注

3）查阅相关资料，简述家用电脑在使用过程中应该注意哪些问题，后期该如何保养。查阅完毕后告知用户保养方法与措施。

4）评价考核评分表。

表 6-5-13　评价考核评分表

项目名称	评价内容	分值	评价分数		
			自评	互评	师评
职业素养考核项目40%	穿戴规范、整洁	6分			
	安全意识、责任意识、服从意识	6分			
	积极参加教学活动，按时完成学生工作活页	10分			
	团队合作、与人交流能力	6分			
	劳动纪律（参照方案中的课堂教学过程管理表）	6分			
	生产现场管理6S标准	6分			
专业能力考核项目60%	专业知识查找及时、准确	12分			
	操作符合规范	18分			
	操作熟练度，工作效率	12分			
	成品的验收质量（参照验收标准及评分表）	18分			
总　分					
总　评	自评（20%）+互评（20%）+师评（60%）=	综合等级	教师（签名）：		

学习领域编号-页码	学习情景　台式机电脑组装		页码：75
姓名	班级	日期	

学习情境的相关知识点

(1) 计算机组成的基础知识

(2) 识别硬件具体参数和性能指标

……

限于篇幅,其余知识点不一一列出。

在真实活页式教材编写过程中,这部分内容必不可少,是活页式教材"教材"属性的必要体现。知识点内容如果篇幅较长,建议放在每个项目结束后;如果知识点内容篇幅较小,可以放在每个引导问题后面以"小提示"栏目列出。这些也是活页式教材区别传统学科式教材的典型特征。

6.6 《台阶轴零件的数控车加工》活页式教材开发样例

学习情境 台阶轴的数控加工①

学习情境描述

完成台阶轴零件的数控车加工。

学习目标

1）能正确操作机床，正确选择台阶轴加工所用刀具的几何参数与切削用量。

2）正确填写台阶轴加工工艺卡片，结合台阶轴编程的学习，初步掌握数控程序的结构。

3）编写正确的台阶轴程序，掌握基本的 M、S、T 指令及 G00、G01 的使用。

4）车间卫生及机床的保养要符合现代 6S 管理目标。

任务书

某设备企业需加工台阶轴零件，要求利用现有设备完成台阶轴零件的加工任务，生产周期 8 天。接受任务后，借阅或上网查询有关的资料，获取数控

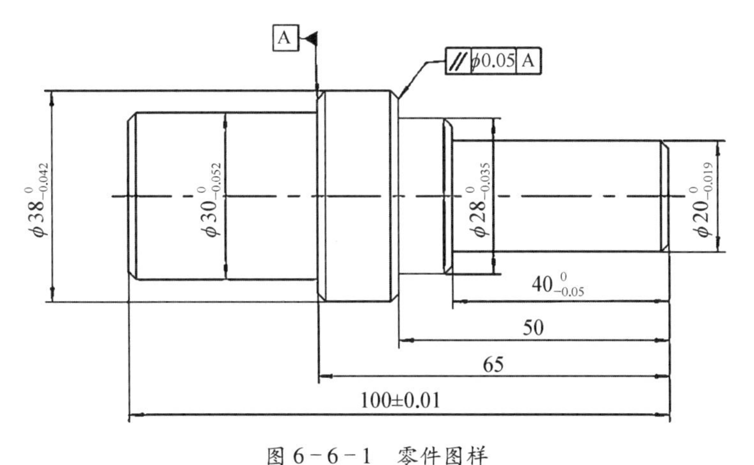

图 6-6-1 零件图样

① 本案例修改自 https://wenku.baidu.com/view/e147c6245ff7ba0d4a7302768e9951e79a8969ce.html.

程序的编制与机床的操作等有效信息。按工艺流程卡，利用工具进行工件的加工，交付质检人员验收合格后，填写工作单。工作完成后按照现场管理规范清理场地、归置物品、资料归档，并按照环保规定处置废弃物。

任务分组

表 6-6-1　学生任务分配表

<table>
<tr><td>班级</td><td></td><td>组号</td><td></td><td>指导老师</td><td></td></tr>
<tr><td>组长</td><td></td><td>学号</td><td colspan="3"></td></tr>
<tr><td rowspan="5">组员</td><td>姓名</td><td>学号</td><td>姓名</td><td colspan="2">学号</td></tr>
<tr><td></td><td></td><td></td><td colspan="2"></td></tr>
<tr><td></td><td></td><td></td><td colspan="2"></td></tr>
<tr><td></td><td></td><td></td><td colspan="2"></td></tr>
<tr><td></td><td></td><td></td><td colspan="2"></td></tr>
<tr><td colspan="6">任务分工</td></tr>
<tr><td colspan="6"></td></tr>
</table>

表 6-6-2　填写生产任务单

<table>
<tr><td colspan="2">单位名称</td><td colspan="2"></td><td>完成时间</td><td colspan="2"></td></tr>
<tr><td>序号</td><td>产品名称</td><td>材料</td><td>生产数量</td><td colspan="3">技术标准、质量要求</td></tr>
<tr><td>1</td><td>台阶轴</td><td></td><td></td><td colspan="3">按图样要求</td></tr>
<tr><td>2</td><td></td><td></td><td></td><td></td><td></td><td></td></tr>
<tr><td>3</td><td></td><td></td><td></td><td></td><td></td><td></td></tr>
<tr><td colspan="2">生产批准时间</td><td></td><td></td><td></td><td></td><td></td></tr>
<tr><td colspan="2">通知任务时间</td><td></td><td></td><td></td><td></td><td></td></tr>
<tr><td colspan="2">接单时间</td><td></td><td>接单人</td><td></td><td>生产班组</td><td></td></tr>
</table>

学习领域编号-页码	学习情境　台阶轴的数控加工		 页码：78
姓名	班级	日期	

获取信息

引导问题 1：本任务所加工的零件应选择什么尺寸的毛坯？材料是什么？其加工切削性能怎样？有无热处理和硬度要求？

____

____

____

____

____

____

引导问题 2：零件图上是否有漏掉的尺寸或者尺寸标注不清楚,从而影响零件的编程？若发现问题,应向设计人员或工艺制定部门请示并提出修改意见。

____

____

____

____

____

____

引导问题 3：本任务所加工的零件是台阶轴,查阅资料,了解并说明台阶轴的用途和加工要求是什么。

____

____

____

____

____

____

____

引导问题 4： 分析零件图样，并在下表中写出该台阶轴的主要加工尺寸、几何公差要求及表面质量要求，为零件的编程做准备。

表 6-6-3　台阶轴数据

序号	项　目	内　　容	偏差范围
1	主要加工尺寸		
2			
3			
4			
5			
6			
7			
8			
9	几何公差要求		
10	表面质量要求		

工作计划

引导问题 5： 刀具选择。根据零件图样，在下图所示刀具中选择合适的数控刀具，并说明选用原因。

（a）零件

（b）各种刀具

图 6-6-2　刀具选用

引导问题 6：根据上述分析，完成零件加工的刀具表。

表 6-6-4　刀具表

刀具序号	刀具名称	数量	加工内容	刀尖半径（mm）	刀具规格（mm×mm）

进行决策

引导问题 7：分组讨论该零件的定位基准，合理拟定零件加工的工艺路线。

引导问题 8：师生讨论并确定最合理的工艺路线。

引导问题 9：为保证台阶轴位置精度，应采用什么装夹方法？

引导问题 10：根据工艺路线和刀具表，填写数控加工工序表。

表 6-6-5 加工工序

工序号	工序内容	刀具序号	刀具规格（直径）	n（r/min）	f（mm/min）	ap（mm）
1						
2						
3						
4						
5						
6						
7						
8						
9						
10						
11						
12						

引导问题 11：编写程序，填写下表。

表 6－6－6　程序表

程序段号	程　　序	程序段号	程　　序
N1	O0001		

工作实施

引导问题 12：数控车床安全操作须注意的事项有哪些？

____

____

____

____

____

____

____

____

小提示

数控车床安全操作注意事项

1. 安全操作基本注意事项

① 工作时请穿好工作服、安全鞋，戴好工作帽及防护镜。注意：不允许戴手套操作机床。

② 不要移动或损坏安装在机床上的警告标牌。

③ 不要在机床周围放置障碍物，工作空间应足够大。

④ 某一项工作如需要两人或多人共同完成时，应注意相互间的协调一致。

⑤ 不允许采用压缩空气清洗机床、电气柜及 NC 单元。

2. 工作前的准备工作

① 机床开始工作前要预热，认真检查润滑系统工作是否正常，如机床长时间未开动，可先采用手动方式向各部分供油润滑。

② 使用的刀具应与机床允许的规格相符，有严重破损的刀具要及时更换。

③ 调整刀具所用工具不要遗忘在机床内。

④ 检查大尺寸轴类零件的中心孔是否合适，中心孔如太小，工作中易发生危险。

⑤ 刀具安装好后应进行两次试切削。

⑥ 检查卡盘夹紧工作的状态。

⑦ 机床开动前，必须关好机床防护门。

3. 工作过程中的安全注意事项

① 禁止用手接触刀尖和铁屑，铁屑必须要用铁钩子或毛刷来清理。

② 禁止用手或其他任何方式接触正在旋转的主轴、工件或其他运动部位。

③ 禁止在加工过程中量活、变速，更不能用棉丝擦拭工件或清扫机床。

④ 车床运转中，操作者不得离开岗位，如发现异常现象应立即停车。

⑤ 经常检查轴承温度，过高时应找有关人员进行检查。

⑥ 在加工过程中，不允许打开机床防护门。

⑦ 严格遵守岗位责任制，机床由专人使用，他人使用须经本人同意。

⑧ 工件伸出车床 100 mm 以外时，须在伸出位置设防护物。

4. 工作完成后的注意事项

① 清除切屑、擦拭机床，使机床与环境保持清洁状态。

② 注意检查或更换磨损坏的机床导轨上的刮屑板。

③ 检查润滑油、冷却液的状态，及时添加或更换。

④ 依次关掉机床操作面板上的电源和总电源。

引导问题 13：简述 6S 的定义及目的。

小提示

6S是指整理(seiri)、整顿(seiton)、清扫(seiso)、清洁(seiketsu)、素养(shitsuke),因其日语的罗马拼音均以“S”开头,因此简称为“5S”,这里我们又添加了另一个S——安全(safe),故统称6S。

1S——整理

定义：区分“要”与“不要”的东西,对“不要”的东西进行处理。

目的：腾出空间,提高生产效率。

2S——整顿

定义：要的东西依规定定位、定量摆放整齐,明确标识。

目的：排除寻找的浪费。

3S——清扫

定义：清除工作场所内的脏污,发现设备异常马上修理,并防止污染的发生。

目的：使不足、缺点明显化,是品质的基础。

4S——清洁

定义：将上面3S的实施制度化、规范化,并维持效果。

目的：通过制度化来维持成果。

5S——素养(又称修养、心灵美)

定义：人人依规定行事,养成好习惯。

目的：提升“人的品质”,对任何工作都持认真态度。

6S——安全

定义：保证工作现场安全及产品质量安全。

目的：规范操作,杜绝安全事故,确保产品质量。

记住：现场无不安全因素,即整理、整顿取得了成果。

引导问题14： 仿真加工。说明在仿真软件中模拟加工螺纹轴时,如何进行毛坯大小与位置、刀具参数的设置。

1）毛坯大小为________________

2）刀具参数的设置________________________

3）运行已编制好的加工程序，观察仿真软件生成的刀具轨迹路径是否符合螺纹轴的加工要求。如果不符合要求，记录下来，以便改正。

不合理1：________________________

不合理2：________________________

不合理3：________________________

4）根据模拟加工问题1中的记录，分析不符合台阶轴的加工要求的原因，写出预防措施或改进方法，以便提高加工质量和效率。

引导问题15：叙述开机步骤和对刀方法，并在机床上练习。

引导问题16：粗加工后精车如何保证尺寸？

引导问题17：分组讨论如何改刀补来保证尺寸。

GSK928如何改刀补？

GSK980 如何改刀补？

FANUC 如何改刀补？

引导问题 18：粗、精加工对转速及进给量各有什么要求？为什么？

引导问题 19：明确检测要素，组内检测分工，完成下表。

表 6-6-7 检测表

检测要素	检测人员	工量具

引导问题 20：按下表对加工好的零件进行检测，将结果填入。

表 6-6-8　检测评分

工件编号				总得分				
项目与配分		序号	技术要求	配分	评分标准	自测记录	得分	互测记录
工件加工评分（80%）	外形轮廓	1		20	超差全扣			
		2		10	超差全扣			
		3		10	每错一处扣 2 分			
		4		10	超差全扣			
		5		10	超差 0.01 扣 3 分			
		6		10	每错一处扣 1 分			
程序与工艺（10%）		7	程序正确合理	10	每错一处扣 2 分			
		8	加工工序卡	10	不合理每处扣 2 分			
机床操作（10%）		9	机床操作规范	5	出错一次扣 2 分			
		10	工件、刀具装夹	5	出错一次扣 2 分			
安全文明生产（倒扣分）		11	安全操作	倒扣	安全事故停止操作或酌扣 5~30 分			
		12	6S	倒扣				

引导问题 21：根据检测结果，小组讨论、分析产生废品的原因及预防方法并填写下表。

表 6-6-9　废品分析

废品种类	产生原因	预防措施

评价反馈

表 6-6-10 活动过程评价小组自评表

班级		组名		日期	年 月 日
评价指标	评 价 要 素			分数	分数评定
信息检索	能有效利用网络资源、工作手册查找有效信息；能用自己的语言有条理地去解释、表述所学知识；能将查找到的信息有效转换到工作中			10	
感知工作	是否熟悉各自的工作岗位，认同工作价值；在工作中，是否获得满足感			10	
参与状态	与教师、同学之间是否相互尊重、理解、平等；与教师、同学之间是否能够保持多向、丰富、适宜的信息交流			10	
	探究学习、自主学习不流于形式，处理好合作学习和独立思考的关系，做到有效学习；能提出有意义的问题或能发表个人见解；能按要求正确操作；能够倾听、协作分享			10	
学习方法	工作计划、操作技能是否符合规范要求；是否获得了进一步发展的能力			10	
工作过程	遵守管理规程，操作过程符合现场管理要求；平时上课的出勤情况和每天完成工作任务情况；善于多角度思考问题，能主动发现、提出有价值的问题			15	
思维状态	是否能发现问题、提出问题、分析问题、解决问题、创新问题			10	
自评反馈	按时按质完成工作任务；较好地掌握了专业知识点；具有较强的信息分析能力和理解能力；具有较为全面严谨的思维能力并能条理明晰表述成文			25	
自评分数					
有益的经验和做法					
总结反思建议					

表 6-6-11　活动过程评价小组互评表

班级		被评组名		日期	年　月　日

评价指标	评　价　要　素	分数	分数评定
信息检索	该组能否有效利用网络资源、工作手册查找有效信息	5	
	该组能否用自己的语言有条理地去解释、表述所学知识	5	
	该组能否将查找到的信息有效转换到工作中	5	
感知工作	该组能否熟悉自己的工作岗位，认同工作价值	5	
	该组成员在工作中，是否获得满足感	5	
参与状态	该组与教师、同学之间是否相互尊重、理解、平等	5	
	该组与教师、同学之间是否能够保持多向、丰富、适宜的信息交流	5	
	该组能否处理好合作学习和独立思考的关系，做到有效学习	5	
	该组能否提出有意义的问题或能发表个人见解；能按要求正确操作；能够倾听、协作分享	5	
	该组能否积极参与，在产品加工过程中不断学习，综合运用信息技术的能力得到提高	5	
学习方法	该组的工作计划、操作技能是否符合规范要求	5	
	该组是否获得了进一步发展的能力	5	
工作过程	该组是否遵守管理规程，操作过程符合现场管理要求	5	
	该组平时上课的出勤情况和每天完成工作任务情况	5	
	该组成员是否能加工出合格工件，并善于多角度思考问题，能主动发现、提出有价值的问题	15	
思维状态	该组是否能发现问题、提出问题、分析问题、解决问题、创新问题	5	
自评反馈	该组能严肃认真地对待自评，并能独立完成自测试题	10	
互评分数			
简要评述			

表 6-6-12 教师评价表

班 级			组名		姓名	
出勤情况						
一	任务描述、接受任务	口述任务内容细节	1. 表述仪态自然、吐字清晰	2	表述仪态不自然或吐字模糊扣 1 分	
			2. 表述思路清晰、层次分明、准确		表述思路模糊或层次不清扣 1 分	
二	任务分析、分组情况	依据图样分析工艺分组分工	1. 分析图样关键点准确	3	表述思路模糊或层次不清扣 1 分	
			2. 涉及理论知识回顾完整，分组分工明确		知识不完整扣 1 分，分工不明确扣 1 分	
三	制定计划	绘图	1. 零件图绘图完整（包括标题栏、尺寸、形状、公差要求等）	5	一处表述思路模糊或层次不清扣 1 分，扣完为止	
		制定加工工艺	2. 准确制定工艺	10	一处工步错误扣 1 分，扣完为止	
四	计划实施	加工前准备	1. 工具（扳手、垫刀片）、刀具、量具准备	3	每漏一项扣 1 分	
			2. 机床准备（电源、冷却液）		没有检查扣 1 分	
			3. 资料准备（图纸）		实操期间缺失扣 1 分	
			4. 以情境模拟的形式，体验到材料库领取材料，并完成领料单	2	领料单填写不完整扣 1 分	
		加工	1. 正确选择、安装刀具	5	选择错误扣 1 分，扣完为止	
			2. 查阅资料，正确选择加工参数	5	选择错误扣 1 分，扣完为止	
			3. 正确实施零件加工无失误（依据工件评分表）	40		

（续表）

四	计划实施	现场恢复	1. 在加工过程中保持6S、三不落地	3	每漏一项扣1分，扣完此项配分为止	
			2. 机床、工具、量具、刀具、工位恢复整理	2	每违反一项扣1分，扣完此项配分为止	
五	检测与质量分析		正确读取和测量加工数据并正确分析测量结果	5	能正确检测工件并分析原因，错一项，扣一分，扣完为止	
六	总结	任务总结	1. 依据自评分数	2		
			2. 依据互评分数	3		
			3. 依据个人总结评价报告	10	依总结内容是否到位酌情给分	
		合计		100		

学习情境的相关知识点

……

限于篇幅，其余知识点不一一列出。

在真实活页式教材编写过程中，这部分内容必不可少，是活页式教材“教材”属性的必要体现。知识点内容如果篇幅较长，建议放在每个项目结束后；如果知识点内容篇幅较小，可以放在每个引导问题后面以“小提示”栏目列出，这些也是活页式教材区别传统学科式教材的典型特征。

CAN KAO WEN XIAN 参考文献

[1] 刘彩琴等.职业教育工学结合课程开发与实施[M].北京：北京师范大学出版社,2014.
[2] 赵志群.职业教育工学结合一体化课程开发指南[M].北京：清华大学出版社,2009.
[3] 黄涛.基于任务驱动的高职软件开发类活页式教材设计研究[J].武汉职业技术学院学报,2019,18(06).
[4] 王璐,徐国庆.从工作知识到专业知识——职业教育课程知识论基础的发展[J].职教论坛,2019(09).
[5] 伏梦瑶,李政,徐国庆.我国职业教育教材研究的进展与展望[J].教育与职业,2019(17).
[6] 姜大源.当代德国职业教育主流教学思想研究：理论、实践与创新[M].北京：清华大学出版社,2007.
[7] 邓泽民,侯金柱.职业教育教材设计(第二版)[M].北京：中国铁道出版社,2012.
[8] 和庆娣.二维码在立体化教材出版中的应用初探[J].新媒体研究,2019,5(04).
[9] 刘强,韩旭俊,段成浩.AR技术在机械类教材的应用及设计策略[J].科技视界,2019(02).
[10] 项杨.职业教育一体化课程资源建设的探索与实践——以“机械制图”课程为例[J].中国职业技术教育,2018(32).
[11] 赵志群.我国职业教育课程模式的发展[J].职教论坛,2018(01).
[12] 德国联邦职业教育研究所.借助学习任务进行职业教育——学习任务设计指导手册[M].北京：机械工业出版社,2010.
[13] 徐国庆.职业教育项目课程：原理与开发[M].上海：华东师范大学出版社,2016.
[14] 徐国庆.职业教育课程论(第二版)[M].上海：华东师范大学出版社,2014.
[15] 许远.职业教育专业建设与课程教材开发[M].北京：中国人民大学出版社,2019.
[16] 赵红顺.电气控制技术实训活页式教材(第二版)[M].北京：机械工业出版社,2019.

[17] 侯东君.砌体工程施工工作页[M].厦门：厦门大学出版社,2010.

[18] 周宏伟."学习领域课程"在中国：创新与局限[J].中国职业技术教育,2017(35).

[19] 姜大源.工作过程系统化课程的结构逻辑[J].教育与职业,2017(13).

[20] 陈义华.浅谈一体化学习工作页中的引导问题设计[C].中国职协2016年度优秀科研成果获奖论文集(学校二等奖).中国职工教育和职业培训协会秘书处,2016.

[21] 李政,徐国庆.职业教育国家专业教学标准开发技术框架设计[J].教育科学,2016,32(02).

[22] 王瑞峰.高职电工技术课程一体化教学设计与实践[J].中国职业技术教育,2015(29).

[23] 徐国庆.基于学习分析的职业教育项目教学设计模型[J].职教论坛,2015(18).

[24] 徐国庆.职业教育教材设计的三维理论[J].华东师范大学学报(教育科学版),2015,33(02).

[25] 邓小龙.教育部中等职业教育建筑类创新示范教材出版现状分析[J].职业技术教育,2014,35(17).

[26] 邓小龙.教育部中等职业教育改革创新示范教材出版现状研究——以建筑类专业教材为例[J].科技与出版,2014(06).

[27] 金凌芳.基于完整行动序列的工作页开发研究[J].中国职业技术教育,2013(14).

[28] 蒋红枫.基于行动导向学习的工作页设计[J].中国职业技术教育,2012(32).

[29] 张建超.基于工作过程的高职课程引导文——学习工作页(单)的开发与实践[J].中国职业技术教育,2011(05).

[30] 王娜.混凝土结构与识图课程采用行动导向教学法的探索[J].教育与职业,2010(26).

[31] 辜东莲,刘建平.学习领域课程工作页教材建设探索[J].中国职业技术教育,2009(35).

[32] 蔡跃.中等职业教育教材出版物研究分析[J].职业技术教育,2008,29(34).

[33] 蔡跃.微课程设计与制作教程[M].上海：华东师范大学出版社,2014.

[34] 巫兴宏.基于工作页的一体化教学实践[J].中国职业技术教育,2008(10).

[35] 赵志群.对工学结合课程的认识(二)[J].职教论坛,2008(04).

[36] 赵志群.对工学结合课程的认识(一)[J].职教论坛,2008(02).